700 FRENCH IDIOMS

J. Dale Miller and Kaylinda B. Essig

Brigham Young University Press

Library of Congress Cataloging in Publication Data
Miller, J Dale.
  700 French Idioms.
    1. French language — Idioms, corrections, errors.
I. Essig, Kaylinda Buchanan, 1943-   joint author.
II. Title
PC2460.M5   443′.1   75-28039
ISBN 0-8425-0085-5 pbk.

Library of Congress Catalog Card Number: 75-28039
International Standard Book Number: 0-8425-0085-5 (paperback)
Brigham Young University Press, Provo, Utah 84602
© 1976 by Brigham Young University Press. All rights reserved
Printed in the United States of America
76 5M 12129

CONTENTS

PREFACE		iv
PART 1	Frequency listing	1
PART 2	French alphabetical listing	95
PART 3	French-English glossary	143
PART 4	English-French glossary	187

PREFACE

Having been encouraged by the enthusiastic public reception of *1000 Spanish Idioms,* we resolved to prepare a counterpart using the same approach — with improvements. We believe the consequence of long efforts has resulted in a meaningful French idiom source book that (1) saves learners time, (2) is easy to use and practical, (3) is authentic and up to date and (4) is based on the spoken language of contemporary France.

Antecedent Research

After making a survey of available sources on French idiomatic expressions, only six significant ones came to light — three published in the United States and three in France. F. D. Cheydleur authored *French Idiom List* in 1929 which dealt with idiomatic expressions found in French prose tabulated on a frequency and range basis. In 1933 J. T. Fotos produced a work called *Word and Idiom Frequency Counts in French and their Value* based on the idioms and vocabularies embodied in nine widely used French grammars of his time. The study was heavily directed toward vocabulary with relatively little emphasis on idioms. The third made its appearance in 1973, *Expressions idiomatiques en français vivant* by Reine Cardaillac Kelly, published by Harcourt, Brace, and Jovanovich. Professor Kelly's book offers a number of idiomatic expressions built around a variety of topical themes with short exercises. She made no attempt, however, to list the idioms in glossary form for student reference.

In France, among the several dictionaries of idiomatic expressions, three stand out: *Dictionnaire des locutions françaises, Le musée des galicismes,* and *Dictionnaire des galicismes.* All merely list and explain the expressions giving no indication of their frequency of occurrence in the spoken language.

Modus Operandi

Since usability was uppermost in our minds, we decided to concentrate first on developing a valid, workable corpus of useful idioms — avoiding slang expressions — and then to submit them to competent evaluators for frequency of occurrence data. Realizing that the category of idioms known as verbal expressions, i.e., phraseology involving a verb, at least one other component and a post appended preposition such as "faire partie de," constituted one of the most perplexing problems French learners face, we settled on this classification as the corpus around which the compilation would be built. Also noting that a sophisticated listing of verbal expressions had not, apparently, been published, either in France or in the U.S.A., we proceeded to develop a list involving nearly a thousand items garnered from E. Lasserre's *Est-ce a ou de,* Lausanne, Librairie Payot, 1959, and from other idiom lists derived from miscellaneous sources. Once compiled and edited we began to gather data on this wise: mimeographed copies of all expressions were distributed to each of some seventy-five native French evaluators representing almost every region of France and French-speaking Switzerland. Criteria used in selecting native speakers were (1) that all should have had experience in teaching or learning a second language, and (2) that each should hold the "baccalaureat" degree (or its equivalent for the Swiss). Each of the checkers appraised the expressions and rated each one on a five-point scale (see appendix) from highest to lowest in frequency of occurrence in their individual opinions. Input from all was collected and numerically collated and totalled for every expression so that an average score was obtained for each single item. From this data it was then possible to rate each idiom in numerical rank in order of frequency — according to the seventy-five evaluators.

The results, determining the placement of each idiom beginning with the first, "avoir mal à" and extending on down to the last, number 700, "faire nargue à," made possible a reasonably accurate frequency of occurrence list so that students wishing to familiarize themselves with idiomatic expressions in French would be able to do so on a *priority* basis rather than the arbitrary system inherent in commonly found idiom lists in textbooks and elsewhere. Learners can thereby save time by learning the most frequently used idioms.

For practicality the book was designed to meet needs as an idiom source book (within, of course, the limits of the idioms included). Aside from the numerical frequency rating list, English-French and French-English glossaries are included which make it possible to look up an equivalent from either language. Along with each of the 700 entries are included from one to seven or eight synonym expressions involving verb(s) and/or idioms. A separate verb glossary is also provided with synonymous expressions being included into the master French and English glossaries. Nearly all of the idioms are listed alphabetically by their initial letter as well as by one or more important words (usually substantives) within the expression itself as an aid in case the total idiom cannot be recalled. Verb listings were added since the French often prefer a verb to an idiom.

Each expression included in the glossary (with its opposite language equivalent) carries the frequency number of the rated expression to which the user is referred for a usage example.

Illustrations

A few cartoon-type illustrations, each keyed to a particular expression, have been added to inject a touch of humor, appeal and cultural authenticity to the work. A special effort was made to represent in the drawings a variety of peoples and cultures from the several regions of France.

Conclusion

With the belief in mind that today's foreign language learners need helps which deal principally with spoken utterances, we designed the book to minister first to the efficient choice of idioms to be learned, and then, as a secondary emphasis, to make it possible for students to find idioms of their own choice either from written sources (French to English glossary) or through the medium of their own fund of English idiomatic expressions (English to French glossary). All three glossaries can be useful both as aids to composition and as reading references. Learning the rated idioms can be enhanced by the synonymous expressions.

Acknowledgments

In addition to the support and assistance lent by our spouses, Pierre-Alain Essig and Ramona S. Miller, we owe a special debt of gratitude to Maurice and Marie-Thérèse Loiseau for contributing the synonymous verbs and verbal expressions, and other special thanks to the seventy-five native evaluators. Our hope is that the book will be useful to students of all ages and levels of French (and to the French who may be learning English) who can use it as a dictionary, a source book, and as a language-learning tool.

JDM
KBE

PART 1

En roulant trop vite, nous courons le risque de manquer la bifurcation.

FREQ.	FRENCH	ENGLISH
1	**Avoir mal à** J'ai mal à la tête. *Souffrir de* Avoir des douleurs à	To have an ache, be sore, suffer pain
2	**Avoir l'air de** Tu n'as pas l'air de me croire. *Sembler, paraître* Faire semblant de, faire mine de	To appear to, seem, look like
3	**Avoir l'habitude de** Les étudiants ont l'habitude de se coucher tard. ─── Avoir coutume de, être habitué à, avoir tendance à	To be in the habit of, have the practice of, have the custom of
4	**Être au courant de** Je suis au courant de tes aventures. *Apercevoir de (s'), savoir, connaître* Etre informé de	To be up to date on, be informed about, be aware of
5	**Faire plaisir à** Elle aime faire plaisir à son mari. *Contenter*	To please someone, make happy
6	**Avoir envie de** J'ai envie d'aller au cinéma ce soir. *Désirer, vouloir* Être d'humeur à, être disposé à	To feel like, be in the mood to

FREQ.	FRENCH	ENGLISH
7	**Être sûr de** Êtes-vous sûr de ce que vous dites?	To be sure of, be certain of
	Être certain de, ne pas douter de	
8	**N'être pour rien dans** L'accusé jurait sans cesse qu'il n'était pour rien dans le crime.	To have nothing to do with, have no hand in
	N'avoir rien à faire dans, n'être pas impliqué dans	
9	**Être en train de** Laisse-moi tranquille, je suis en train de faire mon travail.	To be in the act of
	Être en voie de, être occupé à	
10	**Rendre service à** Il rend service à tout le monde. *Obliger* Porter aide ou assistance à, proposer ses services à	To do a favor for, render a service to
11	**Avoir peur de** Ce petit a peur de son institutrice. *Craindre, craindre de* Être inquiet de, être effrayé de	To be afraid, be frightened, be fearful of
12	**Avoir besoin de** Tout homme a besoin d'amis.	To be in need of, need
	Sentir la nécessité de	
13	**Avoir le courage de** Il faut avoir le courage de dire franchement ce que l'on pense.	To have the courage to, be resolute in or about
	Avoir l'audace, la témérité, la hardiesse (de), avoir à coeur (de)	
14	**Avoir l'intention de** J'ai l'intention de vous aider. *Proposer de (se)* Avoir en tête de, avoir le dessein ou le désir de	To intend to, have in mind to
15	**Donner rendez-vous à** Le médecin a donné rendez-vous à Paul pour 15 h. demain.	To make an appointment with, make a date with
	Arrêter ou fixer un rendez-vous à	

FREQ.	FRENCH	ENGLISH

16 **Être d'accord avec**
Je suis tout à fait d'accord avec vous.
Agréer, approuver, acquiescer
"En convenir"

To agree with, concur with

17 **Faire semblant de**
Il fait semblant d'être au courant.
Simuler, feindre
Avoir l'air de

To act like, pretend

18 **Rendre visite à**
A Noël, ils rendent visite à leurs parents.
Passer (chez)
Aller voir

To pay a visit, make a visit, call upon

19 **Demander la permission à**
Avant de sortir, tu dois demander la permission à tes parents.

Demander l'autorisation à

To ask permission of

20 **Poser une question à**
Les enfants posent sans cesse des questions à leurs parents.
Questionner, interroger

To ask a question, pose a question

21 **Attacher de l'importance à**
Il attache beaucoup de l'importance à ses études.

Donner de l'importance à, accorder de l'importance à

To attach importance to, consider important

22 **Être capable de**
Tu es capable de faire presque tout ce que tu veux.
Pouvoir
Être à même de, être en état de, être apte à

To be capable of

23 **Se rendre compte de**
Maintenant, je me rends compte de mes torts.
Apercevoir (s') de, réaliser, comprendre

To realize, understand, be cognizant of

24 **Faire attention à**
Faites attention à la marche.
Mefier (se) de
Prendre garde à

To be careful of, pay attention to

FREQ.	FRENCH	ENGLISH

25 Faire confiance a
Je te dis la vérité, fais confiance à mon expérience.
Fier (se) à
Avoir confiance en

To trust,
have confidence in

26 Avoir affaire à
Si tu n'es pas sage, tu auras affaire à moi.
───────
Rendre compte à, être en rapport avec

To have to deal with,
have to answer to

27 Avoir horreur de
J'ai horreur de la guerre.
Abhorrer, détester, haïr

To feel an aversion toward,
abhor

28 Avoir du mal à
J'ai du mal à me faire comprendre d'elle.
───────
Éprouver de la difficulté à, rencontrer de la difficulté à

To have trouble with,
have difficulty with

29 Avoir le droit de
Chacun devrait avoir le droit de choisir son métier.
Pouvoir
Avoir la permission de, avoir des droits à

To be entitled to,
have the right to

30 Aller au secours de
Ils sont allés au secours de l'alpiniste.
Secourir
Apporter de l'aide à, prêter secours à, se porter au secours de

To go to the aid of,
go to the help of,
go to the rescue of

31 Casser les pieds à
Qu'est-ce qu'il casse les pieds à ses voisins?
Taquiner, ennuyer, énerver

To get on one's nerves,
annoy, bother

32 Envoyer un mot
Il faut que j'envoie un mot à ma famille.
Écrire
Expédier une lettre ou un mot

To drop a line to,
write a note
(short letter) to

FREQ.	FRENCH	ENGLISH

33 **Être sur le point de**
Il est sur le point de réaliser ses projets.
Apprêter (s') à
Être près de

To be on the verge of, be about to

34 **Avoir confiance en**
J'ai confiance en elle.
Fier (se) à
Faire confiance à

To have confidence in, trust

35 **Avoir l'occasion de**
J'espère avoir l'occasion de vous voir prochainement.
Avoir la chance de

To have the chance to, have the opportunity to

36 **Avoir pitié de**
J'ai pitié des handicapés physiques.
Apitoyer (s') sur
Avoir de la compassion pour

To feel sorry for, pity

37 **Faire signe à**
J'ai fait signe à mon amie de nous rejoindre.
Signaler à

To signal, make a sign to

38 **Prendre l'habitude de**
Il a pris l'habitude de se promener après les repas.
Habituer (s') à

To get into the habit of, become accustomed to

39 **Donner un coup de main à**
J'ai donné un coup de main à mon frère lors de son déménagement.
Aider
Prêter la main à

To lend a helping hand to, assist

40 **Avoir de l'influence sur**
Ce père a beaucoup d'influence sur les opinions de son fils.
Influencer
Exercer une influence sur, avoir de l'ascendant sur

To have an influence on

41 **Faire peur à**
Cet adolescent s'amuse à faire peur aux petits enfants du quartier.
Effrayer, épouvanter

To frighten, make afraid

7

| FREQ. | FRENCH | ENGLISH |

42	**Donner une leçon à** Cette mauvaise expérience a donné une leçon à Paul. *Avertir* Faire entendre raison à, faire comprendre à	To teach a lesson to
43	**S'entendre bien avec** Il s'entend bien avec ses voisins. *Accorder s'* Être en bons termes avec	To get along well with, be on good terms with
44	**Faire du mal à** Cela fait du mal à ta mère quand tu ne lui obéis pas. *Chagriner, peiner* Causer de la douleur à, faire de la peine à	To hurt, do harm, injure
45	**Tenir compte de** Avant de t'acheter une nouvelle voiture, tu devrais tenir compte de l'état de tes finances. *Considérer* Prendre en considération	To take into account, take into consideration
46	**Faire la connaissance de** Il a fait la connaissance de cette jeune fille au théâtre. *Rencontrer* Lier connaissance avec, faire connaissance avec	To make the acquaintance of, meet, become acquainted with
47	**Se mettre au courant de** Il écoute les nouvelles chaque soir pour se mettre au courant des affaires étrangères. *Informer (s') (de)* Se tenir à jour de, tenir au fait de	To bring oneself up to date on, inform oneself about
48	**Se mettre à la place de** Avant de juger, mets-toi à la place de ce criminel. *Substituer (se) à* Se mettre dans la peau de	To put oneself in the place of, put oneself in the position of
49	**Prendre soin de** Ne t'en fais pas, je prendrai soin de toi. *Occuper (s') de, veiller sur* Être attentif à, avoir soin de	To take care of, look after

FREQ.	FRENCH	ENGLISH
50	**Avoir raison de** Il a eu raison de nous avoir emmenés avec lui. ――――― Avoir la (bonne) idée de	To be right about, be justified in
51	**Aller à la rencontre de** Il est allé à la rencontre de sa soeur à la gare. ――――― Se porter à la rencontre de, se porter au-devant de	To go to meet
52	**Être au service de** Ce jardinier fut au service de ce couple durant de longues années. ――――― Être employé (de), travailler pour, être aux ordres de	To be in the service of, work for
53	**Faire une farce à** Ces élèves s'amusent à faire des farces à leur instituteur. ――――― Jouer un tour à, faire une blague à	To play a joke on, play a trick on
54	**Porter malheur à** Si vous passez sous une échelle, cela portera malheur à vos enfants. ――――― Porter malchance à, avoir une influence fatale sur	To bring bad luck to, cause misfortune
55	**Faire du bien à** Ce médicament fait du bien aux malades atteints de la grippe. *Soulager, adoucir, calmer, apaiser* Faire la charité à	To help, do good
56	**Faire de la peine à** Son malheur fait de la peine à ses amis. *Peiner* Causer du chagrin à	To grieve, distress
57	**Faire partie de** Je fais partie de l'équipe de football de l'école. *Appartenir à* Être membre de	To be part of, belong to

FREQ.	FRENCH	ENGLISH
58	**Avoir des histoires avec** Il a eu des histoires avec sa famille. ――――― Avoir des démêlés avec, avoir des ennuis avec	To have trouble with, have problems with
59	**Avoir la manie de** Elle a la manie de me contredire. ――――― Avoir la mauvaise habitude de	To have a mania for, have a (strong) disposition for
60	**Jeter un coup d'oeil sur** Veuillez jeter un coup d'oeil sur mon devoir. *Survoler* Regarder rapidement, donner un coup d'oeil à ou sur	To take a quick look, glance over
61	**Prendre part à** Ce pays prendra part aux prochains jeux olympiques. *Participer à* Faire partie de	To take part in, participate in
62	**Prendre la place de** Personne ne peut prendre la place d'une mère. *Remplacer* Se mettre à la place de	To take the place of, replace
63	**Tomber amoureux de** Qui ne tombe pas amoureux de Paris? *Amouracher (s') de, éprendre (s') de* Devenir épris de	To fall in love with
64	**Couper la parole à** Cet étudiant coupe toujours la parole à ses camarades. *Interrompre*	To interrupt, cut in
65	**Porter plainte contre** Je vais porter plainte contre le responsable de cet accident. ――――― Déposer une plainte contre	To make a complaint about, bring charges against, lodge a complaint
66	**Se faire une idée de** Je peux me faire une idée de leur joie à devenir parents. *Imaginer* Avoir un aperçu de	To imagine, have an idea of

FREQ.	FRENCH	ENGLISH

67 **Dire du mal de**
Il vaut mieux ne dire du mal de personne.
Médire, calomnier

To speak ill of,
speak unkindly about

68 **Faire du tort à**
Cet accident a fait du tort à sa carrière.
———
Porter préjudice à

To do an injustice to,
wrong, damage

69 **Mettre au courant de**
Veuillez me mettre au courant de vos activités.
Informer
Mettre au fait de

To bring up to date on,
inform about

70 **Faire des recherches sur**
Il fait des recherches sur le cancer chez les enfants.
Enquêter, rechercher
Effectuer des recherches

To do research on,
investigate

71 **Adresser la parole à**
Je n'ai pas adressé la parole à mon père depuis huit jours.
Adresser (s') à, parler à

To speak to,
address one's remarks to

72 **Être à la disposition de**
Je suis entièrement à la disposition de mes amis.
———
Être à la discrétion de, être au service de

To be at the disposal of

73 **Être témoin de**
Avez-vous été témoin de l'accident?
Assister à, témoigner de
Être présent à, être spectateur

To be a witness to,
give testimony of

74 **Faire pitié à**
Cet orphelin leur fit tant pitié qu'ils l'adoptèrent.
Apitoyer
Attirer la compassion de

To arouse pity toward,
cause to feel sorry for

75 **Prendre la décision de**
J'ai pris la décision de changer d'appartement.
Décider (se) à, décider de

To make a decision to,
decide to

FREQ.	FRENCH	ENGLISH

76 **Tenir compagnie à**
Cette jeune fille tient compagnie à sa vieille tante deux fois par semaine.
Assister, associer (s')
Séjourner auprès de

To keep company with

77 **Être bien avec**
Je suis très bien avec ma belle-mère.
Entendre (s') avec
Être au mieux avec, être en bons termes avec

To get along well with, be on good terms with

78 **Avoir tendance à**
Il a tendance à parler grossièrement.
Tendre
Être enclin à, avoir la mauvaise habitude de

To have a tendency to, tend to, be inclined to

79 **Faire preuve de**
Il fit preuve de courage lors de ce tragique naufrage.
Prouver, témoigner de
Faire acte de

To give proof of, demonstrate

80 **Faire une scène à**
Comme je n'étais pas à l'heure, ma femme m'a fait une scène.
Disputer (se) avec
Chercher querelle à, se mettre en colère

To make a scene

81 **Dire du bien de**
Elle dit du bien de ses amis en toute occasion.
Louer, célébrer
Faire l'éloge de, vanter le mérite de

To speak well of, say good things about

82 **Être en contact avec**
Je suis à nouveau en contact avec mes amis à l'étranger.

Être en relation avec, être en communication avec

To be in contact with, be in touch with

FREQ.	FRENCH	ENGLISH

83 **Être loin de**
Il est loin de finir ses études.

Être fort éloigné de, n'être pas près de

To be far from, be nowhere near

84 **Avoir intérêt à**
Les marchands ont intérêt à bien servir leurs clients.

"Il est dans l'intérêt de,"
"il vaut mieux que"

To be to one's advantage to

85 **Avoir les moyens de**
Il a les moyens de prendre de belles vacances.
Pouvoir
Pouvoir se permettre de, avoir la possibilité de

To have the means to

86 **Se mettre d'accord avec**
Après plusieurs heures de discussion, il se sont mis d'accord avec leurs adversaires.
Accorder (s') avec, s'entendre (avec)
Tomber d'accord avec

To come to an agreement with

87 **Mettre fin à**
Le traité de paix mit fin à la guerre entre ces deux nations.
Finir, terminer
Mettre le holà

To put an end to, conclude

88 **Céder la place à**
Lorsque je suis dans le métro, je cède ma place aux personnes plus âgées.
Livrer
Laisser la place à, faire place à

To give one's seat to

89 **Remonter le moral à**
Ses promenades matinales ont remonté le moral à ce malade.

Relever le moral de, relever le courage de

To lift the spirits of, raise the morale of

90 **Être à court de**
Il est toujours à court d'argent.
Manquer de
Être court de, être privé de

To be lacking in, be short of

FREQ.	FRENCH	ENGLISH

91 Être à la portée de — To be within reach of
Écrire est à la portée de chacun.
___
Être accessible à, être dans les cordes de

92 Faire ses confidences à — To confide in
Elle fait ses confidences à sa meilleure amie.
Confier (se) à, ouvrir (s') à
Ouvrir son coeur à

93 Avoir droit à — To have a right to, be entitled to
Tout homme à droit à la liberté.
___
Disposer du droit de, avoir le droit de

94 Avoir un faible pour — To have a liking for, have a weakness for
J'ai un faible pour les pâtisseries.
___
Être porté sur, avoir un goût prononcé pour

95 Faire cadeau de — To offer as a gift, make a present of
Mon fiancé m'a fait cadeau d'une belle montre.
Offrir, présenter
Faire don de

96 Faire la tête à — To pout, be angry with, sulk at
Elle fait souvent la tête à son mari.
Bouder
Faire la moue, être fâché (contre, avec)

97 Avoir la prétention de — To pretend to, claim to
Il a la prétention de m'apprendre mon métier.
Prétendre, flatter (se) de

98 Donner une gifle à — To slap the face of, box the ears of, cuff
Il donne souvent des gifles à ses enfants.
Gifler, souffleter

99 Venir en aide à — To come to the aid of, assist, give help to
La croix rouge est toujours prête à venir en aide aux victimes de catastrophes.
Secourir
Porter secours à

FREQ.	FRENCH	ENGLISH

100 **Faire bien de**
Tu as bien fait de persévérer jusqu'à la fin de tes études.
To do well to, do right to

Avoir raison de

101 **Faire sentir à**
J'ai fait sentir à mon fils qu'il ferait mieux de se taire.
Signifier à
Faire comprendre
To cause to feel, make to understand

102 **Avoir conscience de**
J'ai conscience de mes responsabilités.
To be conscious of, be aware of

Rendre (se) compte de, prendre conscience de

103 **Avoir l'expérience de**
À vingt ans il avait déjà l'expérience de la souffrance.
Connaître
Avoir la connaissance de, être au courant de
To have experience in, have a feel for

104 **Avoir hâte de**
J'ai hâte de finir mon travail.
Hâter, accélérer
Être pressé de
To be in a hurry to, proceed with haste

105 **Avoir de la peine à**
J'ai de la peine à me faire comprendre dans une langue étrangère.
To have trouble, experience difficulty in

Avoir de la difficulté à

106 **Être à l'abri de**
Personne n'est à l'abri de la maladie.
Échapper à
Être hors d'atteinte de
To be sheltered from, be protected from, be safe from

107 **Être de l'avis de**
Je suis de l'avis de ma mère sur ce sujet.
Acquiescer, agréer, estimer que
To have or be of the same opinion as, agree (with)

FREQ.	FRENCH	ENGLISH

108 **Être dans l'obligation de**
Si tu acceptes cet argent, tu
seras dans l'obligation de le rendre.
Devoir, falloir
Imposer comme devoir

To be obligated to,
be obliged to

109 **Faire appel à**
On a du faire appel à l'armée pour
arrêter la grève.
Recourir à
Invoquer l'aide de, avoir recours à

To call upon, appeal to

110 **Faire la morale à**
Si tu étais plus sage, je n'aurais
pas à te faire la morale.
Réprimander, sermonner, morigéner

To preach to,
give a lecture to

111 **Se mettre à la disposition de**
Pour tous renseignements, je me
mets à votre disposition.
Proposer (se)
Se mettre au service de

To put oneself or be at
the disposal of

112 **Prendre des renseignements sur**
Je dois prendre des renseignements
sur les dates des examens.
*Renseigner (se), enquérir (s'),
informer (s')*

To obtain information
on or about

113 **Avoir la franchise de**
Il a eu la franchise de m'avouer
son mensonge.
———
Avoir le courage de

To have the openness to,
have the candor to

114 **Confier un secret à**
Si tu es sage, je te confierai un
secret.
———
Livrer un secret

To tell a secret to,
confide a secret to

115 **Être sous les ordres de**
Un lieutenant est sous les ordres
d'un capitaine.
———
Être sous le commandement de

To be under the orders of,
at the disposal of

116 **Être en possession de**
Il n'est pas en possession de
toutes ses facultés.
Posséder, disposer de, emparer (s') de

To be in possession of,
have (possess)

FREQ.	FRENCH	ENGLISH

117 **Faire connaissance avec**
Nous avons fait connaissance avec
le nouveau directeur de l'école.
Rencontrer (se) avec
Être présenté à

To make the acquaintance of, meet

118 **Faire des excuses à**
Je regrette de ne pas pouvoir
assister à ta soirée, et je te
fais toutes mes excuses.
Excuser (s')

To apologize to, excuse oneself from

119 **Sauver la vie à**
La pénicilline sauva la vie à
beaucoup de gens.
Épargner, délivrer, secourir

To save the life of, rescue

120 **Avoir une explication avec**
Il a eu une sérieuse explication
avec son professeur à la suite de
ses examens.
Expliquer (s') avec
Demander des comptes à

To have a talk, have a frank discussion with

121 **Être à la hauteur de**
Malheureusement, l'homme désigné
n'est pas à la hauteur de ce
travail délicat.
Pouvoir
Être capable de, être en état
de faire une chose

To be equal to, capable of, up to

122 **Être en bons termes avec**
Heureusement que je suis en bons
termes avec lui.
Entendre (s') avec

To get along with, be on good terms with

123 **Faire mal à**
Cette blessure me fair mal à voir.
Affliger, peiner
Causer de la douleur, faire peine à

To hurt, cause pain, cause discomfort

124 **Faire savoir à**
J'ai fait savoir à tous mes amis
que je me mariais bientôt.

To let know, inform

Faire part de

FREQ.	FRENCH	ENGLISH
125	**Mettre la main sur** Après une longue poursuite, la police mit la main sur le criminel. *Attraper*	To pick up, lay hands on, take possession of
126	**Prendre rendez-vous avec** Mon frère a pris rendez-vous avec la nouvelle secrétaire au bureau. Obtenir un rendez-vous avec	To make a date with, arrange to meet
127	**Avoir de l'estime pour** J'ai beaucoup d'estime pour les hommes d'état. *Estimer* Tenir ou porter en haute estime	To hold in high esteem, respect
128	**Demander conseil à** Pour résoudre ce problème, il va demander conseil à son père. *Consulter*	To ask advice from, seek counsel from
129	**Être à bout de** Je suis à bout de patience avec toi. Perdre patience, être épuisé	To be at the end of, be ready to give up, consider hopeless
130	**Faire le compte rendu de** J'ai dû faire le compte rendu de ce livre devant toute la classe. *Résumer*	To give an account of, review
131	**Forcer la main à** Ils forcèrent si bien la main de Paul qu'il finit par céder. *Obliger, forcer, contraindre*	To force someone's hand, oblige, constrain
132	**Avoir accès à** Seul le président a accès aux secrets de l'état. Être admis à, avoir ses entrées (chez ou dans)	To have access to, have admission to
133	**Demander pardon à** Il demande pardon à son père de son retard. *Excuser (s')*	To beg one's pardon, ask forgiveness of

FREQ.	FRENCH	ENGLISH
134	**Être à la poursuite de** Les agents de police étaient à la poursuite du voleur. *Poursuivre, chasser* Donner suite à	To be in pursuit of, be after
135	**Faire allusion à** Ses amis font souvent allusion à son passé. *Évoquer, référer (se) à*	To make indirect reference to, allude to
136	**Fermer la porte au nez de** Il ferma la porte au nez de son ami. *Repousser, rebuter* Claquer la porte au nez de	To slam the door on, spurn, rebuff
137	**Barrer la route à** Un amoncellement de neige nous barrait la route au trafic. *Obstruer, encombrer, clore, stopper* Faire obstruction à, bloquer le passage à	To block the way of, bar (someone's) passage
138	**Mettre de la mauvaise volonté à** On ne devrait pas mettre de la mauvaise volonté à rendre un service. *Rechigner à, rebiffer (se)*	To show ill will toward, be unwilling to
139	**Porter secours à** Chaque année, la croix rouge porte secours à des milliers de personnes. *Secourir* Venir au secours de	To bring help to, come to the aid of
140	**Prendre garde à** Prenez garde à vos affaires personnelles. *Méfier (se) de, surveiller*	To watch out for, be careful of, beware of
141	**Tendre un piège à** Le professeur a tendu un piège à ses élèves en histoire. *Piéger, Attrapper* Essayer de tromper	To set a trap for, trick, outwit
142	**Être à la recherche de** Ils sont à la recherche d'un bon chauffeur. *Rechercher*	To be looking for, be in search of, be on the lookout for

FREQ.	FRENCH	ENGLISH

143 **Fermer les yeux sur**
Durant sa campagne électorale, le sénateur ferma les yeux sur la mauvaise conduite de sa femme.
Ignorer
Ne tenir aucun compte de, ne pas vouloir reconnaître

To close one's eyes to, ignore

144 **Se mettre à la portée de**
Un bon professeur a toujours soin de se mettre à la portée de ses élèves.
___
Se mettre au niveau de, se rendre accessible à

To put oneself within reach of, make oneself accessible to

145 **Parler bas à**
Il parle si bas que je ne peux pas comprendre un seul mot.
Chuchoter

To speak softly to, whisper

146 **Se laisser aller à**
Après la mort de sa femme, il se laissa aller à la boisson.
Adonner (s') à

To abandon oneself to, give way to

147 **Donner la parole à**
Le juge donna la parole à la défense.
___
Céder la parole à

To give the floor to, let someone speak

148 **Se payer la tête de**
Dans son dernier article, le journaliste se paie la tête du nouveau chef du parti politique.
Ridiculiser, moquer (se) de

To make fun of, ridicule

149 **Prendre contact avec**
Il faut absolument que je prenne contact avec mon avocat.
Toucher, contacter
Se mettre en relation avec

To get in touch with, contact

150 **Faire l'affaire de**
Le prix de cette voiture fait l'affaire de mon ami.
Arranger, convenir à

To suit one's purpose, be the very thing for

FREQ.	FRENCH	ENGLISH
151	**Faire l'effort de** Il faut que tu fasses l'effort de réaliser tes projets. *Efforcer (s') de, arriver à, parvenir à* Avoir le courage de	To make the effort to, try to
152	**Faire honte à** Les enfants mal élevés font honte à leurs parents. *Ridiculiser, humilier* Être un sujet de honte pour	To make someone ashamed, disgrace
153	**Fausser compagnie à** Pierre nous faussa compagnie sans que nous nous en rendions compte. *Échapper (s')*	To slip away from, give someone the slip, leave
154	**Prendre note de** J'ai pris bonne note de tes conseils. *Noter*	To take note, note, observe
155	**Taper sur les nerfs à** Ce bruit me tape sur les nerfs. *Énerver, irriter* Agacer les nerfs	To get on the nerves of, annoy, irritate
156	**Être à la tête de** Ma fille est à la tête de sa classe et j'en suis très fier. Être le premier de, être la première de	To be at the head of, lead, stand first
157	**Être en état de** Il est enfin en état de payer ses dettes. *Pouvoir* Être capable de	To be in a position to, be able to, be fit to
158	**Avoir la présence d'esprit de** En tombant il eut la présence d'esprit de se protéger la tête avec ses bras. *Savoir* Avoir la bonne idée de, avoir du sang-froid	To have the presence of mind to, keep one's head

FREQ.	FRENCH	ENGLISH
159	**Se mettre en tête de** Il s'est mis en tête de traverser la Manche à la nage. *Persuader (se) de* Venir à l'esprit que, venir à la tête que	To take it into one's head to
160	**Tomber dans les mains de** Il est dangereux que ces documents importants tombent dans les mains de l'adversaire. *Échouer* Finir entre les mains de	To fall into the hands of, get into the hands of
161	**Faire un procès à** À la suite de leur altercation, il fit un procès à son adversaire. *Poursuivre* Poursuivre en justice, assigner devant un tribunal, amener devant un tribunal	To sue, bring suit against
162	**Faire la guerre à** Chaque gouvernement devrait faire la guerre à la pauvreté. *Combattre, opposer (s') à, lutter*	To make war on, fight against
163	**Faire part de** Mon frère vient de me faire part de son projet de mariage. *Annoncer, informer, aviser de*	To announce, inform or advise of
164	**Attacher de la valeur à** Il attache beaucoup de valeur à la sincérité. *Apprécier* Faire cas de, donner de l'importance à, donner du relief à	To place worth on, attach value to
165	**Être en mesure de** Avec votre aide je serai en mesure de résoudre mes problèmes. *Pouvoir* Être capable de, être à même de	To be equal to, be in a position to
166	**Jouer un mauvais tour à** Mon meilleur ami a joué un mauvais tour à ma fiancée. Faire une mauvaise blague à	To play a dirty trick on, deceive, delude

FREQ.	FRENCH	ENGLISH
167	**Régler son compte à** Il ne tarda pas à régler son compte à son adversaire. *Supprimer, venger (se) de* Faire son affaire à, rendre la pareille à	To get even with, settle the score with
168	**Faire provision de** L'écureuil fait provision de noix avant l'hiver. *Approvisionner (s')* Mettre de côté	To lay in a stock or supply of, provide oneself with
169	**Se donner de la peine pour** Je me donne de la peine pour réussir mon examen. Faire son possible pour, tout faire pour, prendre la peine de	To take the trouble to, take care to
170	**Donner tort à** Dans cette querelle, je donne tort à la femme. Prendre parti contre	To decide against, lay the blame on
171	**Faire la paix avec** Avant de mourir, il a fait la paix avec ses voisins. *Réconcilier (se) avec*	To make peace with, reconcile
172	**Tourner la tête à** Cette jolie fille a tourné la tête à mon mari. *Troubler* Rendre amoureux, inspirer une vive affection	To turn the head of, cause to be infatuated
173	**Faire des concessions à** Pour réaliser mon rêve, j'ai dû faire des concessions à mes parents. *Céder* Accéder aux conditions de	To make concessions to, acquiesce, yield
174	**Faire face à** Il a enfin fait face à ses problèmes. *Affronter, confronter* Envisager la situation	To face up to, confront

FREQ.	FRENCH	ENGLISH
175	**Mettre la main à** La règle des kibboutz demande que chacun mette la main à la pâte. *Aider* Se mettre à la tâche	To put one's shoulder to the wheel, take a hand in the work
176	**Être en relations avec** Durant toute la durée du vol, le pilote était en relations constantes avec la terre. *Communiquer avec* Être en communication avec, être en contact avec	To be in communication or contact with
177	**Être de taille à** Il est de taille à tenir tête. — Être de force à, être capable de	To be capable of, have the ability to
178	**Prendre exemple sur** Le mauvais devrait prendre exemple sur le bon. *Imiter* Servir de modèle à	To use as an example, follow the example of
179	**Rendre compte de** Il a rendu compte à son supérieur de son récent voyage d'affaires. *Rapporter* Faire un rapport sur	To make an accounting of, report on, account for
180	**Être hors d'état de** Après un dur combat, l'ennemi fut hors d'état de nuire. — Être incapable de, être dans l'impossibilité de	To be out of order, be out of commission
181	**Être en froid avec** Je ne le salue plus, je suis en froid avec lui. — Être fâché avec, être en mauvais termes avec	To give the cold shoulder to, be cool or cold towards, be on bad terms with
182	**Perdre la tête pour** Il a vraiment perdu la tête pour son nouveau flirt. *Amouracher (s')* Être entiché de, ne savoir quel parti prendre	To lose one's head over, be infatuated with

FREQ.	FRENCH	ENGLISH

183 **Se mettre en rapport avec**
Pour obtenir les résultats définitifs de vos examens cliniques, veuillez vous mettre en rapport directement avec le laboratoire.
Contacter
Se mettre en contact avec

To get in touch with, contact

184 **Saisir le sens de**
Il n'a pas saisi le sens de la plaisanterie.
Comprendre
Comprendre le sens, comprendre la signification de

To grasp the meaning of, understand

185 **Se tenir à l'écart de**
Ces deux garçons se sont tenus à l'écart des manifestations étudiantines.
Abstenir de (s')
Éviter de participer à, ne prendre aucune part à

To keep away from, stand to the side of, keep clear of

186 **Tenir tête à**
Ce jeune homme tient souvent tête à son père.
Opposer (s') à, résister à

To hold one's own against, stand up to, oppose, withstand, resist

187 **Tirer profit de**
Il faut savoir tirer profit de tout enseignement.
Profiter de
Tirer la ou une leçon de

To profit from, take advantage of, make use of

188 **Avoir du respect pour**
J'ai du respect pour sa foi.
Respecter
Avoir de la déférence pour

To have respect for

189 **Dire adieu à**
J'ai dû dire adieu à mes projets de voyager cette année.
Abandonner, renoncer à, quitter
Dire au revoir à

To give up, abandon, desist from, say goodbye to

FREQ.	FRENCH	ENGLISH

190 Être à deux doigts de
Ce cancéreux est à deux doigts de la mort.
Apprêter (s') à
Être sur le point de, être près de

To be on the brink of, be near

191 Faire place à
Finalement, la période d'austérité fit place à une période d'abondance.

Être remplacé par, céder la place à

To give way to, make room or way for

192 Se mettre en quatre pour
Une mère se met en quatre pour ses enfants.

Faire tout son possible pour, n'épargner aucun effort pour

To do one's utmost for, spare no effort for

193 En venir aux mains avec
Les étudiants en sont venus aux mains avec la police.
Opposer (s') à
Battre (se) (contre), opposer (s') à

To come to blows with, fight over, contend with

194 Faire le trafic de
Cet adolescent a fait le trafic de la drogue entre les deux états.
Convoyer
Passer clandestinement

To traffic in, deal illicitly in

195 Prendre congé de
Après une soirée agréable, nous avons pris congé de notre hôte.
Quitter
Dire au revoir à

To take leave of, bid goodbye to

196 Avoir la garde de
Cette dame a la garde de deux orphelins.

Être en charge de, être responsable de

To be in charge of, be guardian of

197 Courir le risque de
En roulant trop vite, nous courons le risque de manquer la bifurcation.
Risquer
Prendre le risque de, s'exposer au risque de, encourir le risque de

To run the risk of, take chances with

FREQ.	FRENCH	ENGLISH

198 **Tendre la main à**
Je fus le seul à tendre la main à Pierre lorsqu'il était dans l'embarras.
Aider
Porter secours à, venir en aide à, offrir assistance à
Second meaning:
Serrer la main

To give a helping hand to, assist

To shake hands

199 **Faire impression sur**
Son discours a fait grande impression sur l'auditoire.
Imposer, impressionner, émouvoir

To make an impression on, produce an effect (on feelings or emotions)

200 **Se faire un plaisir de**
Il se fit un plaisir d'offrir des fleurs à sa femme.
Aimer
Prendre plaisir à

To take pleasure in, enjoy

201 **Venir à bout de**
Il faut toujours venir à bout de son travail.
Terminer, triompher de, réussir à

To come to the end or close of, finish, succeed in doing something

202 **Avoir des droits sur**
Il a des droits sur la succession de son père.

Être en droit d'exiger

To have rights or privileges to or for

203 **Avoir honte de**
J'ai honte d'être arrivé en retard
Rougir
Être désolé de, être honteux de, être humilié par

To be ashamed of, feel embarrassed about

204 **Rafraîchir la mémoire à**
Pour rafraîchir la mémoire aux prisonniers, l'ennemi utilise la torture.

Raviver la mémoire de, faire se rappeler

To refresh someone's memory, help someone recall

FREQ.	FRENCH	ENGLISH

205 **Donner confiance à**
Un premier succès donne confiance à l'artiste.
Rassurer
Donner de l'assurance à

To give confidence or self-assurance, inspire trust in

206 **Donner sa parole à**
Je dois absolument faire cette commission, j'ai donné ma parole à ma mère.
Promettre, engager (s')
Faire promesse de

To give one's word to, promise

207 **Faire usage de**
Il est nocif de faire usage de drogue.
Utiliser, employer, prendre

To take (into the body), make use of

208 **Mettre en garde contre**
Je vous mets en garde contre les effets nocifs du tabac.
Prévenir, avertir, informer

To warn against, put one on guard (against)

209 **Offrir l'hospitalité à**
Lorsque nous étions en voyage en Afrique, les indigènes ont offert l'hospitalité à notre groupe.
Héberger, accueillir
Faire un accueil hospitalier

To offer hospitality to, act hospitably toward

210 **Prendre conscience de**
Cet alpiniste prit conscience de sa dangereuse position.
Apercevoir (s') de, comprendre
Se rendre compte de

To become aware, become cognizant of

211 **Faire observer à**
Puis-je faire observer à monsieur le directeur la qualité supérieure de cet article?
Signaler
Attirer l'attention de

To call one's attention to, make someone aware of

212 **Prendre le parti de**
Après de longues réflexions, elle prit le parti d'abandonner ses études.
Décider (se) à, résoudre (se) (also rallier (se) à, joindre (se) à)
Prendre la décision de

To decide, resolve, think best to (*also* to join)

FREQ.	FRENCH	ENGLISH

213 **Rendre la vie dure à**
Avec ses remarques, il rend la vie dure à tout le monde.
Importuner
Causer des problèmes

To make life difficult for, cause problems for

214 **Être au niveau de**
Mon fils est au niveau des meilleurs élèves de la classe.
Égaler, suivre

To be on a par with, be on the same level as, be equal with

215 **Porter un jugement sur**
Avant de porter un jugement sur cette affaire, vous devriez consulter tous les dossiers.
Juger
Prendre une décision sur

To make a judgment on, come to a decision regarding

216 **Prendre plaisir à**
J'avoue prendre plaisir à vos plaisanteries.
Apprécier, réjouir (se) de

To take pleasure in, enjoy

217 **Prendre goût à**
J'ai pris goût à jouer au base-ball.
Apprécier
Être attiré par, se découvrir un goût pour

To take a liking to, develop a taste for

218 **Suivre les traces de**
Ce musicien suit les traces de son père.
Imiter, succéder à
Marcher sur les traces de

To follow in the footsteps of, imitate

219 **Être en rapport avec**
Nous sommes en rapport avec ce client.
———
Être en contact avec, être en relation avec

To be in touch with, be in contact or communication with

220 **Fixer son attention sur**
Pendant plusieurs jours, ce chercheur fixa son attention sur ce problème particulier.
Concentrer (se) sur, pencher (se) sur

To focus one's attention on

FREQ.	FRENCH	ENGLISH

221 **Avoir des obligations envers**
Malheureusement, nous avons des obligations envers lui.

Être l'obligé de, avoir des devoirs envers

To be obligated to, be beholden to

222 **Prendre le chemin de**
Après une longue promenade, il prit le chemin de la maison.
Diriger (se) vers, retourner vers

To set out for, head for

223 **Prendre connaissance de**
Les étrangers devraient prendre connaissance des nouvelles lois d'immigration.
Enquérir (s'), informer (s') (de ou sur)

To inquire into, become acquainted with

224 **Céder la parole à**
Maintenant je cède la parole à la présidente du club.

Donner ou passer la parole à, donner le tour à

To turn the floor over to, turn the time over to

225 **Avoir recours à**
La recherche spatiale a recours à l'électronique pour résoudre ses problèmes.
Utiliser, user de, employer, servir (se) de

To have recourse to, resort to

226 **Tourner le dos à**
Il tourne le dos à ses amis lorsqu'ils sont en difficulté.
Ignorer, délaisser, dédaigner
Refuser d'aider

To turn one's back on, ignore

227 **Trouver à redire à**
Il trouve à redire à tout.
Critiquer, blâmer
Être insatisfait (de)

To be dissatisfied with, find fault with

228 **Se mettre à l'abri de**
En économisant régulièrement, vous vous mettrez à l'abri de la misère.

Se mettre hors d'atteinte de

To take shelter from, shield, protect oneself from

FREQ.	FRENCH	ENGLISH

229 **Mettre le nez dans**
Il met son nez dans tout ce qui ne le concerne pas.
Occuper (s') de, intervenir dans

To interfere in, put one's nose in, be nosy about

230 **Faire la sourde oreille à**
Pourquoi vous obstinez-vous à faire la sourde oreille à mes conseils?
Ignorer, dédaigner
Être sourd à

To turn a deaf ear to, pretend not to hear, ignore

231 **Faire les yeux doux à**
Il fait les yeux doux à la soeur de mon mari.
Intéresser (s')
Couver des yeux

To make eyes at

232 **Faire les gros yeux à**
Lorsqu'il fit les gros yeux à Marie, elle se rétracta.

Montrer sa réprobation, menacer silencieusement

To show displeasure, look reprovingly at, look sternly at

233 **Manquer de respect envers**
Les jeunes de nos jours manquent de respect envers leurs parents.

Être irrespectueux envers, manquer d'égards ou de déférence envers

To lack respect for

234 **Prendre parti contre**
À chaque élection, il prend parti contre l'extrême droite.
Opposer (s'), allier (s') contre

To take sides against, be antagonistic toward

235 **Éprouver de la difficulté à**
Beaucoup de personnes éprouvent de la difficulté à apprendre une langue étrangère.

Trouver difficile de, rencontrer des problèmes à

To experience difficulty in

236 **Être l'affaire de**
Réparer la voiture, c'est l'affaire de mon mari.

Être le problème de, être la responsabilité de

To be the business of

FREQ.	FRENCH	ENGLISH

237 **Faire des démarches auprès de**
Pour importer certains produits,
il faut faire d'innombrables
démarches auprès de
l'administration des douanes.
Intervenir, solliciter, adresser (s') à
Entreprendre des démarches
auprès de

To approach someone,
make requests of,
apply to someone

238 **Tomber d'accord sur**
Après quelques heures de vive
discussion, ils sont tombés
d'accord sur la meilleure méthode
de procéder dans l'embarras.
Accorder (s'), aboutir à
Arriver à une entente

To come to agreement,
arrive at an
understanding with

239 **Faire un accroc à**
En sortant de la voiture, elle fit
un accroc à sa jupe.
Accrocher (s'), déchirer
Faire un trou à

To make a tear,
rip or rent in

240 **Se porter garant de**
Je me porte garant de la validité
de ce chèque.
Répondre de, garantir, assurer
Assumer la responsabilité ou
la charge de

To be security for,
vouch for, answer for

241 **Faire irruption dans**
Les bandits firent irruption dans
la banque, l'arme au poing.

Entrer brusquement dans,
apparaître soudainement

To burst or rush into

242 **Faire peine à**
Sa misère me fait peine à voir.
Peiner
Faire pitié

To be painful to,
hurt, distress

243 **Avoir une dent contre**
Il a une dent contre moi depuis
que j'ai refusé de le rencontrer.

Être fâché contre, faire la
tête à, en vouloir à

To bear a grudge against

FREQ.	FRENCH	ENGLISH

244 **Faire le jeu de**
N'oubliez pas que chacune de vos erreurs fait le jeu de vos adversaires.
Arranger, avantager
Servir les intérêts de

To play into the hands of, serve someone's interest

245 **En être quitte pour**
L'accident passé, il en était quitte pour la peur.

N'avoir à subir que l'inconvénient de

To escape with no further harm than

246 **Faire la cour à**
Pierre fait la cour à Monique, mais je n'y crois pas.
Courtiser, sortir avec

To seek the favors of, court, woo

247 **Avoir l'intelligence de**
Il eut l'intelligence de prévoir tout ce qui se passerait.

Avoir l'idée de

To have the intelligence to, be smart enough to

248 **Se casser la tête sur**
Je me suis cassé la tête sur un problème très difficile.
Fatiguer (se) sur, appliquer (s') à

To work desperately hard at, rack one's brain over

249 **Donner congé à**
Son impertinence me déplaisait, je lui ai donné congé.
Congédier, licencier
Mettre à la porte

To dismiss, discharge, fire

250 **Être à la veille de**
Ce pays en désordre est à la veille d'une révolution.
Apprêter (s') à
Être sur le point de

To be on the eve of, be on the verge of, be close to

251 **N'avoir d'yeux que pour**
Je n'ai d'yeux que pour toi.

Ne voir que . . . , ne regarder que . . .

To only have eyes for

FREQ.	FRENCH	ENGLISH
252	**Mettre un terme à** Le gouvernement américain cherche à mettre un terme à la discrimination sociale. *Conclure, clore, terminer* Mettre fin à	To put an end to, stop
253	**Prendre possession de** Après un long siège, les Grecs prirent possession de la ville de Troie. *Emparer (s') de, octroyer (s')* Entrer en jouissance de	To take possession of
254	**Remporter la victoire sur** À Waterloo, les Anglais ont remporté la victoire sur Napoléon. *Vaincre, gagner, battre, défaire* L'emporter sur	To win victory over, be victorious over
255	**Être à la merci de** L'accusé est à la merci du jury. — Être sous le bon vouloir de, être à la discrétion de, être soumis à l'influence ou l'action de	To be at the mercy of
256	**Être esclave de** Il est esclave de ses passions. — Être enchaîné à, être dépendant de, être dominé par	To be a slave to, be dominated by
257	**Donner libre cours à** Énervé, il a donné libre cours à sa colère. *Abandonner (s') à* Se laisser aller à	To give free reign to, give full vent to
258	**Être en communication avec** Le bateau était en communication constante avec la terre. *Communiquer, transmettre* Être en relation ou en contact avec	To be in touch with, be in contact with
259	**Éveiller les soupçons de** La conduite de la jeune fille éveilla les soupçons de ses parents. — Rendre suspect, provoquer l'attention de, attirer l'attention de	To arouse the suspicion of, awaken the suspicion of

FREQ.	FRENCH	ENGLISH

260 **Avoir du goût pour**
J'ai du goût pour la peinture.
Goûter, apprécier
Avoir un penchant pour, être attiré vers

To have a taste for, have a liking for

261 **Couper les vivres à**
Ce père, fatigué de ses bêtises, a coupé les vivres à son fils.
─────
Cesser d'entretenir, cesser d'approvisionner

To cut off the support of

262 **Trouver moyen de**
Si tu le désires tant, tu trouveras moyen de le faire.
Réussir à, arriver à, pouvoir

To find a way or means to

263 **Garder le silence sur**
La presse garda le silence sur le début de la révolution.
Taire (se)
Passer sous silence

To keep silent about, keep mum or quiet about

264 **Faire la part de**
Dans cette affaire, il faut faire la part de chaque situation prévisible.
Savoir, considérer
Prendre en considération, "en prendre et en laisser"

To take into consideration, take into account, make allowance for

265 **Être aux prises avec**
Lorsqu'elle trichait, elle était aux prises avec sa conscience.
─────
Avoir affaire à, être tourmenté par, se prendre de querelles contre

To struggle with, be at grips with

266 **Avoir avantage à**
Le prisonnier a avantage à dire la vérité.
─────
Avoir intérêt à, "il vaut mieux"

To be to one's advantage to, be for one's good to

267 **Avoir une liaison avec**
Est-il vrai que tu as eu une liaison avec cette actrice?
Fréquenter
Avoir une relation avec

To have an affair with, have an intimate relationship with

FREQ.	FRENCH	ENGLISH

268 **Avoir du mépris pour**
J'ai du mépris pour son criminel de père.
Mépriser, dédaigner
Avoir du dédain pour, éprouver du mépris pour

To have contempt for, hold in contempt, scorn

269 **Se mettre bien avec**
Dès leur première rencontre, ma femme se mit bien avec ma mère.
Entendre (s')
Se mettre en bon termes avec

To get along well with, be on good terms with

270 **Se permettre des familiarités avec**
Elle se permet des familiarités avec tout le monde.
―――
Prendre des libertés avec, être sans-gêne

To take liberties with, be on familiar terms with

271 **Prêter l'oreille à**
Veuillez prêter l'oreille à tout ce que je tente de vous apprendre.
Écouter
Prêter attention à, faire attention à

To give credence to, lend an ear to

272 **Faire la charité à**
Comme il est très fier, il ne veut pas qu'on fasse la charité à sa famille.
Secourir, aider
Venir en aide à, faire l'aumône à, porter assistance à

To give alms to, act charitably toward

273 **Faire l'essai de**
Il faut faire l'essai des nouvelles méthodes avant de les rejeter.
Expérimenter, tester, essayer
Prendre à l'essai

To try out, test, put to the test

274 **Être au mieux avec**
Je suis au mieux avec mon patron.
Entendre (s') avec
Être en bon termes avec

To be on the best possible terms with

FREQ.	FRENCH	ENGLISH

275 **Rendre justice à**
Cette loi a été faite dans l'espoir de rendre justice à tous.

To render justice toward, do justice to

Être juste envers, être juste pour

276 **Donner de la peine à**
Ce travail va donner de la peine à vos élèves.

To give trouble to, be difficult for

Causer des difficultés à

277 **Être sur la trace de**
La police était sur la trace du gang.
Poursuivre
Suivre la piste de

To be on the trail of, be on the track of

278 **Avoir la prudence de**
En partant, ayez la prudence d'éteindre le feu.
Songer à
Faire attention à, avoir soin de, prendre la peine de

To be careful to, take care to

279 **Couper court à**
Son intervention coupa court à la séance.
Interrompre

To cut short, interrupt

280 **Donner accès à**
Cette porte donne accès à l'escalier de secours.
Mener à, conduire à, ouvrir sur

To give access to, open onto

281 **Donner la préférence à**
Mon père donne toujours la préférence à ma soeur.
Préférer, favoriser

To give preference to, favor

282 **Être mal avec**
Il est mal avec son frère depuis que celui-ci lui a refusé ses services.

To be on bad terms with, not get along with

Être fâché contre, être en froid avec

283 **Faire honneur à**
Cette photo fait honneur à sa beauté.
Honorer
Rendre justice à, mettre en valeur

To do credit to, do justice to

FREQ.	FRENCH	ENGLISH

284 **Faire la leçon à**
Faire la leçon à Pierre sur son lit d'hôpital ne fut pas chose facile.

To teach a lesson (to someone), lecture

Faire la morale à

285 **Ouvrir les yeux sur**
Enfin, elle ouvrit les yeux sur la conduite scandaleuse de sa fille.
Apercevoir (s') de
Se rendre compte de, prendre conscience de

To open one's eyes to, see clearly

286 **Porter préjudice à**
La presse a porté préjudice à l'accusé.

To do injury to, inflict injury or loss on

Porter atteinte à, faire tort à

287 **Prendre modèle sur**
L'élève a pris modèle sur son maître.
Copier, imiter

To look to as a model

288 **Traiter d'égal à égal avec**
Les adolescents veulent être traités d'égal à égal avec les adultes.

To treat as an equal, be thought of as an equal

Être considéré comme, être jugé comme

289 **Être à l'affût de**
Les mauvaises langues sont toujours à l'affût des scandales.
Épier, guetter
Être aux aguets

To be on the lookout for, watch out for

290 **Être pour beaucoup dans**
Les politiciens sont pour beaucoup dans cette guerre.

To have a lot to do with, be answerable for, contribute largely to

Être responsable de, avoir une (grande) part dans, être impliqué dans

FREQ.	FRENCH	ENGLISH

291 **Être sous la dépendance de**
Pendant plusieurs siècles, les noirs furent sous la dépendance des blancs.
Dépendre de
Être sous la domination ou l'autorité de

To be under domination of

292 **Être en vue de**
Après trois jours de mer, nous étions en vue d'une île.
Apercevoir, approcher (s') de
Être au large de

To be within sight of

293 **Faire des politesses à**
Si tu veux impressionner, fais des politesses à sa mère.

Être aimable avec, être poli avec, être courtois avec

To be polite, courteous to, compliment

294 **Faire baisser le ton à**
La discussion montait et l'on fit baisser le ton à l'adversaire.

Demander le calme, faire baisser la voix

To quiet down, calm down

295 **Rendre hommage à**
Lors de son dernier discours, les soldats rendirent hommage à leur empereur.
Honorer
Témoigner de l'estime pour, rendre les devoirs à

To render homage to,
pay respect to,
pay a tribute to

296 **Être à même de**
Je suis à même de t'aider pour tes examens.
Pouvoir
Être en état de, être libre de

To be able to,
be in a position to

297 **Être sujet à**
Il est sujet à la bronchite.

Avoir prédisposition à, avoir tendance à, être enclin à, être susceptible de

To be susceptible to,
have a predisposition for

FREQ.	FRENCH	ENGLISH

298 **Entrer en collision avec**
Son manque d'attention l'a fait entrer en collision avec un arbre.
Heurter, jeter (se) contre
Entrer en contact avec

To collide with, run into, run afoul of

299 **Faire ses amitiés à**
Fais toutes mes amitiés à ta mère lorsque tu la verras.
Saluer
Rappeler au souvenir de

To give one's greeting to, remember someone to

300 **Se faire un devoir de**
Il se fait un devoir de rendre service à son prochain.

Se sentir obligé de, mettre son point d'honneur à

To make a point of, consider it a duty to

301 **Faire entendre raison à**
Il protesta longuement, mais on finit par faire entendre raison à Jean.

Faire comprendre à, ramener à de meilleurs sentiments

To make someone listen to reason

302 **Faire main basse sur**
Le cambrioleur fit main basse sur tout ce qui se trouvait à sa portée.
Emparer (s') de, piller, prendre

To lay hands on, seize

303 **Faire la moue à**
Tu n'auras aucune récompense tant que tu feras la moue à grand-mère.
Bouder
Faire la tête à

To pout at, sulk

304 **Tendre la perche à**
Tendre la perche à un ami en difficulté devrait être naturel.
Secourir, aider, assister
Venir en aide à, porter secours à, porter assistance à, offrir son aide à

To hold out a hand to, offer a helping hand to

FREQ.	FRENCH	ENGLISH
305	**Arriver au terme de** L'étudiant arriva enfin au terme de ses études. *Finir, aboutir, terminer*	To come to the end of, finish
306	**Exercer un contrôle sur** Les parents devraient exercer un contrôle sur leurs enfants. *Contrôler, surveiller*	To exercise control over
307	**Faire étalage de** Dans son nouveau livre, cet auteur fait étalage de toute sa verve poétique. *Montrer, étaler*	To show off, display
308	**Se laver les mains de** Quoi qu'il arrive, je me lave les mains de vos affaires. *Dégager (se) de* Décliner toute responsabilité	To wash one's hands of, take no responsibility for
309	**Lever la main sur** Ce père dénaturé lève souvent la main sur sa femme et ses enfants. *Battre* S'apprêter à frapper	To raise one's hand against
310	**Présenter ses hommages à** Les ministres présentèrent leurs hommages à madame la présidente. Présenter ses civilités à, présenter ses respects à	To pay one's respects to, pay hommage to
311	**Imposer silence à** Le maître a eu beaucoup de difficulté à imposer silence à ses élèves. Faire taire, obtenir le silence	To silence someone, keep someone quiet, reduce someone to silence
312	**Avoir le plaisir de** J'ai le plaisir de vous faire savoir que je suis père. Être heureux de, avoir l'honneur de, avoir la joie de	To be happy to, take pleasure in

FREQ.	FRENCH	ENGLISH

313 **Attacher du prix à**
Il attache beaucoup de prix à la
réussite de ses études.

To set a high value on,
set great store by, prize

Mettre son point d'honneur à,
donner de l'importance à, donner
de la valeur à

314 **Donner le bonjour à**
Donne le bonjour à ta famille de
ma part, s'il te plaît.
Saluer
Dire bonjour à

To say hello to

315 **Être d'avis de**
Je suis d'avis avec vous de
réorganiser la société.
Agréer
Être d'accord avec ou pour,
"être pour"

To be of the opinion to,
be for

316 **Faire les avances à**
Les garçons font toujours les
avances aux jeunes filles.

To make advances at,
make approaches to

Faire les premiers pas

317 **Imposer le respect à**
Son dynamisme impose le respect à
tous ses subordonnés.

To command respect of or
from, inspire with respect

Inspirer le respect à, "en
imposer à"

318 **Avoir bonne opinion de**
Depuis qu'ils m'ont présenté leur
rapport, j'ai très bonne opinion
de mes collaborateurs.

To have a good opinion of,
think well of

Avoir bonne impression de,
avoir une impression favorable sur

319 **Avoir des torts envers**
Chacun a des torts envers ses
parents.

To behave badly towards,
ill treat

Avoir une mauvaise attitude envers

FREQ.	FRENCH	ENGLISH

320 **Avoir les yeux sur**
Le patron du magasin avait les yeux sur un client suspect.
Surveiller, observer
Ne pas quitter du regard

To keep one's eyes on, maintain a close watch on

321 **Avoir des vues sur**
Ce jeune homme a des vues sur cette riche jeune fille.
Convoiter
Avoir des projets sur, avoir des intentions sur

To have one's eyes on, fix one's sights on

322 **Donner le jour à**
Ma soeur a donné le jour à un fils superbe.
Accoucher de
Donner naissance à, mettre au monde

To give birth to, deliver

323 **Être de connivence avec**
Mon frère était de connivence avec ma soeur dans cette blague.
Entendre (s') avec
Être complice

To connive with, be in cahoots with

324 **Faire illusion à**
Il a fait illusion très longtemps à ses amis qui le croyaient intelligent.

Faire croire à, donner l'illusion à, tromper son monde

To deceive, mislead

325 **Faire des infidélités à**
Pendant de nombreuses années il a fait des infidélités à sa femme, et maintenant elle est prête à divorcer.
Tromper
Être infidèle à, commettre des infidélités envers

To be unfaithful to, be untrue to

326 **Supprimer le risque de**
Ces nouvelles dispositions devraient supprimer le risque d'incendie.

Éliminer le risque de, éloigner le risque de

To eliminate the risk of, do away with the risk of

FREQ.	FRENCH	ENGLISH
327	**Avoir la bonté de** Veuillez avoir la bonté de m'indiquer le chemin le plus court. Être assez aimable pour, avoir l'obligeance de	To be so kind as to, be good enough to
328	**Avoir pour but de** Il a pour but d'être reçu à l'examen. *Viser, proposer (se) de*	To have as a goal, aim or purpose to
329	**Chercher dispute à** Ce garçon cherche souvent dispute à son frère. Chercher querelle à, chercher noise à	To pick a quarrel with, start a fight with, get in an argument with
330	**Aller à l'encontre de** Ses agissements vont à l'encontre de mes intérêts. *Opposer (s') à, agir contre* Être contraire à	To run counter to, go against
331	**Être aux petits soins auprès de** Il n'aime pas qu'on soit aux petits soins auprès de lui. Être attentionné, avoir de la sollicitude	To wait on hand and foot
332	**Faire un affront à** En refusant l'invitation de la baronne, il a fait un affront qu'elle n'est pas prête d'oublier. *Offenser* Faire honte à	To slight, give offense to, insult, embarrass
333	**Être dans les bonnes grâces de** Parfois pour réussir, il faut être dans les bonnes grâces de ses supérieurs. *Plaire à* Avoir l'estime de	To be in the good graces of, enjoy special favor with

FREQ.	FRENCH	ENGLISH
334	**Se mettre en communication avec** Il faut que je me mette en communication avec lui tout de suite. *Contacter* Se mettre en relation avec, se mettre en contact avec	To get in touch with, make contact with
335	**Mettre sur le compte de** A l'annonce de sa faillite, il mit toute la faute sur le compte de son associé. Se décharger sur, rendre responsable de	To lay the blame on, impute to
336	**Se mordre les doigts de** Je me mords amèrement les doigts d'avoir voulu me mêler de ce qui ne me regarde pas. *Repentir (se) de* Regretter amèrement de	To repent of, be sorry for, regret bitterly
337	**Présenter ses respects à** En passant par là, j'irai présenter mes respects à tes parents. *Saluer* Présenter ses civilités, rendre ses hommages à	To pay one's respects to
338	**Avoir connaissance de** Je n'ai eu aucune connaissance de sa disparition. *Savoir, connaître* Être prévenu de	To be aware of, know something about
339	**Donner lieu à** Le discours du sénateur a donné lieu à des controverses. *Causer* Fournir l'occasion de	To give rise to, cause
340	**Faire la conquête de** Les politiciens cherchent à faire la conquête des électeurs. *Conquérir, gagner*	To win the heart of, win over

FREQ.	FRENCH	ENGLISH

341 **Faire figure de**
Il fait figure de favori dans le concours.
Paraître
Passer pour

To cut the figure of, present the appearance of, appear to be

342 **Se mettre en quête de**
Il se met en quête de travail.
Rechercher
Se mettre à la recherche de

To go in search of, start looking for, be in quest of

343 **Perdre toute trace de**
On perd souvent toute trace des amis de son enfance.

Perdre contact

To lose all track of, lose all trace of

344 **Accuser réception de**
J'accuse réception de votre lettre.

Donner avis de réception

To acknowledge receipt of, be in receipt of

345 **Faire fonction de**
Il fait fonction de directeur en l'absence de celui-ci.
Remplacer
Occuper le poste de, occuper l'emploi de

To serve as, act as

346 **Faire des misères à**
Depuis qu'il est ici chez moi, il ne cesse de faire des misères à mon chat.
Taquiner, agacer

To tease unmercifully, make life miserable for

347 **Prendre son parti de**
Depuis le décès de son mari, elle prend son parti de sa solitude.
Résigner (se) à, accepter

To resign oneself to, make the best of

348 **Rendre la vie à**
Grâce à la respiration artificielle, il rendit la vie au noyé.
Ranimer, rassurer
Ramener à la vie

To save someone's life

349 **Ouvrir la voie à**
Louis Pasteur ouvrit la voie à de grandes découvertes médicales.

Préparer la voie à

To open the way to, make room for

FREQ.	FRENCH	ENGLISH
350	**Prêter son concours à** Il prête son concours à l'automobiliste en difficulté. *Aider, assister* Venir en aide à, prêter assistance à	To come to the aid of, give assistance to
351	**Prêter main-forte à** Le guide prêta main-forte à l'alpiniste débutant. *Aider, secourir, assister*	To lend a helping hand to, assist, aid
352	**Avoir coutume de** Les Français ont coutume de boire du vin aux repas. Avoir l'habitude de, Être habitué à	To be accustomed to, be in the habit of
353	**Être du ressort de** Les problèmes métaphysiques ne sont pas du ressort d'un instituteur primaire. *Concerner* Être du domaine de	To be the concern of, fall within the competence of
354	**Faire cas de** Malgré mon insistance, il ne fit aucun cas de mes conseils. *Considérer, estimer* Prendre en considération	To value, take note of
355	**Se lier d'amitié avec** Ce jeune homme s'est lié d'amitié avec la fille de son patron. Devenir l'ami de	To make friends with, become friends with
356	**Lier conversation avec** Dans le train, il a lié conversation avec Jean et depuis il sont de bons copains. Engager ou entamer la conversation	To strike up a conversation with, start talking to
357	**Se mettre en frais pour** Je me suis mis en frais pour recevoir ce couple célèbre. *Dépenser* Engager des frais pour, prodiguer sa peine ou ses efforts	To go to the expense of or to, bear the cost of

FREQ.	FRENCH	ENGLISH
358	**Trouver son plaisir à** Il trouve son plaisir à rendre les gens heureux. *Obtenir satisfaction à*	To find pleasure in, get satisfaction from
359	**Être en négociations avec** Le syndicat est en négociations avec le patronat pour augmenter les salaires. *Négocier, traiter, discuter* *Être en pourparlers avec*	To be in negotiations with
360	**Jeter la pierre à** Après cet incident, on lui a jeté la pierre et pourtant il n'en était pas responsable. *Blâmer, accuser* *Rendre responsable de*	To lay the blame on, accuse
361	**Ne pas souffler mot de** Il ne m'a pas soufflé mot de ses mauvaises expériences. *Garder le silence sur, ne rien dire*	To not breathe a word of, keep quiet about, be silent about
362	**Tirer parti de** Une bonne ménagère sait tirer parti de tous les restes. *Faire bon usage de, savoir utiliser*	To make good use of, turn to good account
363	**Avoir peur pour** J'ai peur pour eux s'ils partent pour Mars. *Craindre pour* *Être effrayé pour*	To be afraid for, fear for
364	**Fermer la bouche à** Sa réponse a fermé la bouche à ses adversaires. *Réduire quelqu'un au silence, imposer silence à*	To silence, shut someone up
365	**Faire don de** Ma grand-mère m'a fait don de son argenterie. *Léguer, donner, offrir*	To make a present of, make a gift of

FREQ.	FRENCH	ENGLISH

366 Tenir lieu de
Ce petit pain lui tiendra lieu de souper.
Remplacer
Faire figure de

To take the place of, stand in stead of

367 Avoir soin de
J'ai soin de bien faire mon travail.
Veiller sur
Prendre soin de, être attentif à, prendre la peine de

To take care to, be careful to

368 Mettre au défi de
Le professeur nous a mis au défi de résoudre ce problème sans erreur.
Défier de, inviter à

To challenge to, provoke to action, dare, defy

369 Mettre des gants pour
Elle est si susceptible, qu'il vaut mieux mettre des gants pour lui parler.

To handle with kid gloves, take special pains to, handle carefully, take care not to offend

Être prudent, agir avec prudence ou ménagement

370 Porter une accusation contre
La jeunesse américaine porte une accusation contre la société de consommation
Accuser, blâmer
Porter plainte contre

To make an accusation against

371 Prêter assistance à
Il prêta assistance à l'automobiliste en difficulté.
Aider, secourir, assister
Prêter main-forte, venir en aide

To lend a hand, be of service to, render help

372 Être cause de
Le cancer fut cause de sa mort.
Causer, occasionner
Être à l'origine de, être l'auteur de, être l'instigateur

To be the cause of, be responsible for, cause

FREQ.	FRENCH	ENGLISH

373 **Renvoyer la balle à**
Par un discours magistral, il renvoya la balle à son adversaire politique.
Répliquer
Riposter vivement, répondre du tac au tac

To reply to, turn the tables on, give tit for tat, return the compliment

374 **Demander l'hospitalité à**
La cigale demanda l'hospitalité à la fourmi son amie.

To ask hospitality from

Demander un abri à

375 **Mettre un frein à**
Il faut absolument mettre un frein aux agissements malhonnêtes de cet enfant.
Stopper, entraver
Mettre fin à, mettre le holà à

To put a stop to, draw the line on, curb, bridle

376 **Porter atteinte à**
La presse a porté atteinte à l'honneur de ce politicien.
Ternir
Porter préjudice à

To cast a shadow on, tarnish, injure

377 **Porter la main sur**
Si vous portez la main sur moi, je vais crier!
Battre, menacer
Lever la main sur

To lay a hand on, touch

378 **Donner le coup de grâce à**
L'officier a donné le coup de grâce au condamné.
Achever
Porter le coup de grâce à

To give the death blow to, deal the final blow or finishing stroke to

379 **Donner suite à**
Si vous donnez suite au projet, veuillez m'en aviser.
Consentir à, approuver

To carry out, follow up, comply with

380 **Être d'âge à**
Michel est d'âge à savoir ce qu'il veut faire.

To be old enough to, be of age to

Être assez âgé pour, être assez mûr pour

| FREQ. | FRENCH | ENGLISH |

381 Avoir à coeur de
J'ai à coeur de devenir médecin.

To be bent on,
have one's heart set on

Avoir le désir de

382 N'avoir que faire de
Laisse-moi tranquille, je n'ai que faire de tes commentaires.
Ignorer
Faire fi de

To have no use for,
have nothing to do with

383 Avoir pour habitude de
J'ai pour habitude de manger en ville à midi.

To be in the habit of,
be accustomed to,
have the habit of

Avoir l'habitude ou coutume de, être habitué à

384 Faire un sort à
Les parents doivent faire un sort à leurs enfants.

To provide for someone

Pourvoir à l'entretien de

385 En dire de belles sur
J'ai parlé à Pierre, il m'en a dit de belles sur toi!
Médire de
En raconter de belles sur, en dire de toutes les couleurs

To say much that is strange
or scandalous about

386 Donner ses huit jours à
Nous avons donné ses huit jours à la bonne qui était ivre.
Congédier, remercier, licencier
Mettre à la porte

To give someone notice,
dismiss, fire

387 Être en correspondance avec
Elle aimerait être en correspondance avec une vedette de cinéma.
Correspondre avec, écrire à
Être en relation épistolaire avec

To correspond with,
write to

388 Prendre prétexte de
Je vais prendre prétexte d'un voyage d'affaires pour visiter l'Amérique Latine.
Prétexter, alléguer
Prendre pour excuse

To make a pretext of,
use as an excuse

FREQ.	FRENCH	ENGLISH

389 Garder rancune à
Pendant toute sa vie il a
gardé rancune à son frère.

To bear a grudge against,
harbor resentment against,
begrudge

En vouloir à, garder de l'animosité
contre, avoir une dent contre

390 Ne pas demander son reste
Je lui ai dit son fait, il n'a pas
demandé son reste.

To have had enough of it,
leave

Ne pas insister, se retirer
sans rien dire

391 Faire le procès de
Le président fit le procès de la
politique passée.
Condamner, juger, attaquer, accuser

To attack, criticize

392 Faire son profit de
Il n'est pas juste de faire son
profit de la misère des autres.
Profiter
Tirer profit de, tirer avantage de

To profit by,
take advantage of

393 Avoir le privilège de
J'ai eu le privilège de lui faire
visiter le château.

To have the privilege to,
have the honor to

Avoir la chance, l'occasion,
la permission, l'honneur de

394 Avoir de la répugnance pour
J'ai de la répugnance pour les
clochards.
Répugner à
Avoir un dégoût pour, avoir
de l'aversion pour

To have a dislike for,
be repulsed by

395 Cligner de l'oeil à
Je suis jaloux car j'ai vu que tu
as cligné de l'oeil à ma fiancée.

To wink at

Faire signe de l'oeil

396 Faire office de
Avant la construction de cet
édifice moderne, une maison de
bois faisait office de chapelle.
Servir de, remplacer
Remplir l'office de

To act as, serve in
place of

FREQ.	FRENCH	ENGLISH
397	**Tenir rigueur à** Cette dame tient rigueur à son mari de l'avoir trompée. Garder rancune à, en vouloir à, être mal disposé envers	To refuse to relent toward, be unforgiving toward
398	**Être mal disposé envers** Une certaine jeunesse est mal disposée envers la société. Tenir rigueur à, en vouloir à, être de mauvaise humeur contre	To be ill disposed toward, be in a bad humor toward
399	**Être homme à** Il est homme à faire ce qu'il dit. Être capable de	To be capable of, be the sort of man to, able to
400	**Être maître de** (*also* **avoir de l'empire sur, avoir le contrôle de**) Quoi qu'il arrive, il est toujours maître de la situation Avoir la faculté de	To have the ability to (to be master of, be in command of)
401	**Être en marche pour** Les meilleures troupes sont en marche pour le front. *Diriger (se) vers, porter (se) vers*	To be marching toward, be heading for, be en route for
402	**Faire abstraction de** En rendant son témoignage, il a fait abstraction des causes réelles de l'accident. *Omettre de, abstenir (s') de* Ne pas tenir compte de	To leave out of account, disregard
403	**Ménager une surprise à** Il ménagea une surprise à sa famille en annonçant son retour à brûle-pourpoint. Réserver, faire, préparer une surprise à	To prepare a surprise for someone

FREQ.	FRENCH	ENGLISH

404 **Être dans la nécessité de**
Après son échec, il fut dans la nécessité de recommencer ses études.
Devoir
Être obligé, être dans l'obligation de, être tenu de

To be in need of, be obliged to

405 **Faire des menaces à**
Il fit tant de menaces à ce délinquant que celui-ci finit par céder et se rendre.
Menacer, intimider
Proférer des menaces envers

To make threats to, intimidate

406 **Se trouver dans le cas de**
Soudain, il s'est trouvé dans le cas d'emprunter pour survivre.

Se trouver dans la situation de, "il se trouve que + subj."

To find oneself in a position to, be in the position of

407 **Marcher sur les pas de**
Le fils marche sur les pas de son père.
Imiter, suivre
Suivre les traces de

To follow in the footsteps of

408 **Tirer satisfaction de**
Un homme devrait tirer satisfaction de son travail.

Être satisfait de, trouver plaisir à, tirer contentement à (de)

To find satisfaction in, be content with

409 **Causer un grand préjudice à**
La mort de son associé causa un grand préjudice à ses affaires.

Infliger préjudice à, causer du tort à

To inflict injury on, hurt

410 **Faire table rase de**
Les découvertes scientifiques font faire table rase des vieilles superstitions.
Débarrasser (se) de, supprimer, éliminer
Faire disparaître

To get rid of, make a clean sweep of

FREQ.	FRENCH	ENGLISH

411 **Tromper la confiance de**
Un mari infidèle trompe la confiance de sa femme.
Berner, décevoir, duper
Abuser de la confiance de, violer la foi de

To betray someone's trust or confidence

412 **Faire la révision de**
Il est nécessaire de faire la révision de la constitution.
Revoir, réexaminer, réviser

To revise, review

413 **Avoir rapport à**
Ce paragraphe a rapport à la question posée.
Rapporter (se) à, concerner

To have to do with, make reference to

414 **Porter ombrage à**
Les agissements de son frère portent ombrage à sa réputation.

Porter atteinte à, faire donner ombrage à

To cast a shadow on, put in a bad light

415 **Offrir son concours à**
Cet ancien ministre offrit son concours à la nouvelle administration.
Proposer (se) à
S'offrir à aider, offrir son aide à, apporter son concours à

To offer assistance to, extend help to

416 **Entrer en pourparlers avec**
Ces deux pays sont entrés en pourparlers avec la Chine.

Engager des négociations avec, engager des pourparlers avec

To enter into negotiations with

417 **Tomber au pouvoir de**
Les petits commerçants doivent lutter pour ne pas tomber au pouvoir de plus grandes entreprises.

Tomber sous la domination ou l'autorité de, tomber aux mains de

To fall into the hands of, fall under the power of

FREQ.	FRENCH	ENGLISH

418 **Causer de l'embarras à**
Par ses agissements, il causa de l'embarras à ses parents.
Embarrasser, gêner
Causer des problèmes à

To cause trouble for, cause embarrassment to

419 **Donner ordre de**
Mon patron m'a donné ordre de tout finir avant demain matin.
*Ordonner de, commander.
signifier (figuré)*

To order someone to do something, give orders to

420 **Montrer le poing à**
Il montre le poing à la foule en signe de mécontentement.

Menacer du poing

To shake one's fist at

421 **Emboîter le pas à**
Cet enfant emboîte le pas à son père.
Suivre, imiter
Modeler son attitude sur, marcher derrière

To follow in the footsteps of, follow the lead of, fall into step with

422 **Couper l'herbe sous le pied de**
Il a coupé l'herbe sous le pied de son camarade lorsqu'ils se sont présentés pour obtenir le travail.

Supplanter, devancer

To cut the grass from under someone's feet, beat someone to it, take the wind out of one's sails

423 **Avoir du penchant pour**
Je sais qu'il a du penchant pour ma fille.

Être attiré par, avoir de l'inclination pour

To be fond of, like

424 **Avoir trait à**
Ce livre a trait à la théorie d'Einstein.
Traiter de
Avoir rapport à

To relate to, have reference to, have to do with, have a bearing on

425 **Prendre intérêt à**
Grâce à son voyage en Angleterre, cet écolier a pris intérêt à l'anglais.

Trouver intérêt à

To take an interest in, get interested in

FREQ.	FRENCH	ENGLISH

426 **Livrer passage à**
La mer Rouge s'entrouvrit afin de livrer passage au peuple juif en exode.

Laisser passer

To allow to pass, open the way for

427 **Être à cheval sur** (*or* **Hésiter sur**)
Il est à cheval sur l'étiquette.

Être strict sur,
Être indécis sur

To be a stickler for, be strict about (*or* to be on the fence about, be undecided about)

428 **Prendre le pli de**
Après quelques semaines, j'ai pris le pli de mon nouveau travail.
Habituer (s') à
Prendre l'habitude de

To get into the routine of, become accustomed to

429 **Donner ses suffrages à**
Le parti républicain a donné ses suffrages au Président Ford.
Voter pour
Donner ses voix à

To give support to or votes for

430 **Avoir ses entrées chez**
Il a ses entrées chez le président de la République.

Avoir accès à, être l'habitué de, entrer sans payer

To have an in with, have free admission, have access to

431 **Être en voie de**
Celui qui est en voie de faire fortune n'a pas à se plaindre.
Apprêter (s') à
Être sur le point de, être en train de

To be on the way to, be headed for

432 **Être bien dans les papiers de**
Un employé intelligent s'arrange pour être bien dans les papiers de son chef.

Être bien vu de, être bien considéré par, être dans les bonnes grâces de

To be in favor with, be in the good graces of

FREQ.	FRENCH	ENGLISH
433	**Être de nature à** Ce garçon est de nature à se battre avec n'importe qui. *Prédisposer* Avoir une tendance à, avoir une inclination à, être prédisposé à	To be of a disposition or nature to, have a penchant for
434	**Faire état de** Je regrette, mais votre rapport ne fait pas état des toutes dernières découvertes scientifiques. *Mentionner, parler de* Faire mention de	To take into account, note, consider
435	**Faire la grimace à** Ce n'était pas de sa faute, alors tu peux cesser de faire la grimace à ton frère. Faire la tête à, en vouloir à, faire la moue à	To make faces at
436	**En faire voir de belles à** Cet enfant en fait voir de belles à ses parents. Causer des problèmes à, en faire voir de toutes les couleurs à	To give much trouble to, cause many problems for
437	**Faire l'orgueil de** Grâce à ses brillantes études, ce fils fait l'orgueil de toute sa famille. Être l'orgueil de, être la fierté de	To be the pride of
438	**Être aux trousses de** La police était aux trousses du chauffard. *Poursuivre* Être sur la trace de, être sur les talons de, être à la poursuite de	To be on someone's heels, be hot on the trail of, be one step behind
439	**Être en proie à** Depuis le décès de sa femme, il est en proie à la douleur. Être livré à, être tourmenté par	To be prey to, be tormented by

FREQ.	FRENCH	ENGLISH

440 **Faire grâce à**
Chaque année, le gouverneur fait grâce à plusieurs condamnés à mort.
Grâcier, oublier
Accorder la grâce de, accorder le pardon à

To grant pardon to, extend amnesty to

441 **Se faire un honneur de**
Je me ferai un honneur de vous aider.

Se faire un plaisir de, être fier de

To be proud to, feel honored to

442 **Demander grâce à**
Il demanda grâce à son juge.
Supplier, prier

To beg mercy from or compassion of

443 **Faire cause commune avec**
Dans le malheur, il est indispensable que nous fassions cause commune avec les autres.
Allier (s') à, unir (s'), soutenir (se)
Unir ses intérêts

To be allies with, have a common cause

444 **Être passé maître en**
Churchill était passé maître en l'art de la diplomatie.

Être le plus habile en

To be first rate at, be highly adept at, be expert at

445 **Mâcher la besogne à**
Cette mère a mâché la besogne à son fils afin qu'il soit promu.

Faciliter la tâche de, préparer son travail à quelqu'un

To facilitate the task for, half do the work for

446 **Rendre les derniers honneurs à**
Le peuple français a rendu les derniers honneurs au Général de Gaulle lors de ses obsèques.
Honorer
Rendre les derniers hommages ou devoirs à

To pay the last honors to, pay hommage to

447 **Avoir foi en**
Ce magicien a foi en son pouvoir.
Croire en
Avoir confiance en

To have faith in, believe in

FREQ.	FRENCH	ENGLISH

448 **Faire tache sur**
Sa cravate rouge faisait tache sur son costume blanc.
Ressortir sur, contraster avec
Être déplacé dans, faire le déshonneur de

To stand out against, be in contrast with, clash with

449 **Prendre copie de**
Veuillez prendre copie de cette lettre.
Noter, transcrire
Prendre note de

To make a copy of, reproduce

450 **Faire peu de cas de**
Il vaut mieux faire peu de cas des bruits qui courent.
Accorder peu d'importance à, accorder peu de valeur à

To pay little attention to, set little value on, disregard

451 **Donner audience à**
Le pape donna audience aux cardinaux.
Recevoir
Accorder une entrevue à

To give an audience to

452 **Être au regret de**
Nous sommes au regret de ne pouvoir vous aider.
Regretter de
Éprouver le déplaisir de, être désolé de

To be sorry about, feel regret or sympathy for

453 **Être de bon ton de**
Il est de bon ton d'être à l'heure.
"Il est bien de", "on se doit de"

To be considered to be good form to, be using good manners

454 **Prendre fait et cause pour**
J'ai pris fait et cause pour l'accusé.
Intervenir
Prendre le parti de, être "pour"

To be all for, take up the cause of, take sides with

455 **Prendre mesure de**
Avant d'entreprendre cette ascension, l'alpiniste prit mesure de ses forces.
Juger de
Se rendre compte de

To take measure of, take into account, assess

FREQ.	FRENCH	ENGLISH

FREQ.	FRENCH	ENGLISH
456	**Faire la lumière sur** Après plusieurs années, le commissaire fit enfin la lumière sur ces mystérieux agissements. *Résoudre, éclaircir* Se rendre compte de	To clear up, shed light on
457	**Avoir de l'aversion pour** J'ai de l'aversion pour les comédies musicales — par contre, j'aime beaucoup le théâtre contemporain. *Détester* Avoir une répugnance extrême pour, avoir du dégoût pour	To have an aversion to, dislike
458	**Faire une ovation à** Lorsqu'ils débarquèrent, l'Europe fit une ovation aux armées alliées. *Acclamer, ovationner* Rendre honneur à	To acclaim, give an ovation
459	**Dire ses vérités à** Enfin, j'ai eu l'occasion de dire toutes ses vérités à mon patron. Dire tout ce qu'on pense de, dire ce qu'on a sur le coeur à, dire ses quatre vérités à	To give a piece of one's mind to, say exactly what one thinks
460	**Donner l'assaut à** Les soldats donnèrent l'assaut á la forteresse de l'ennemi. *Assaillir, attaquer*	To assault, attack
461	**Jeter un sort sur** Le sorcier jeta un sort sur le chef du village. *Ensorceler, envoûter* Jeter un sortilège sur	To cast a spell on
462	**Jurer la perte de** Peu de temps après le début de la guerre, Hitler jura la perte de l'Angleterre. Vouloir la perte de, se promettre la perte de	To swear the downfall of, pledge the destruction of

FREQ.	FRENCH	ENGLISH

463 **Être sous la coupe de**
Cet enfant est toujours sous la coupe de sa mère.
Dépendre de
Être sous la dépendance de, être sous l'autorité de

To be under the thumb of, be dependent on

464 **Faire les honneurs de**
Le ministre fit les honneurs de la résidence présidentielle aux visiteurs étrangers.
Recevoir selon les règles de la politesse ou de la bienséance

To do the honors of, pay proper respect to

465 **Avoir la faculté de**
Il a la faculté de réussir tout ce qu'il entreprend.
Pouvoir
Avoir la capacité ou la possibilité de, avoir les aptitudes ou les dispositions pour

To have the ability to, be capable of

466 **Prendre conseil de**
Avant de se décider à agir, il prend conseil de sa famille.
Consulter
Prendre avis de

To consult, counsel with, take advice from

467 **Faire mention de**
Dans son discours inaugural, le président fit mention de ceux qui l'avaient aidé lors de sa campagne.
Mentionner, citer, parler de
Faire état de

To call attention to, refer to briefly, mention

468 **Faire route avec**
De nos jours, il est dangereux de faire route avec un inconnu.
Voyager avec
Faire un bout de chemin avec

To travel with, go a ways with

469 **Faire son deuil de**
Mis en faillite, il dut finalement faire son deuil de ses propriétés.
Passer (se) de
Faire une croix sur, se résigner à, être privé de, s'enlever de l'idée de (+ verb)

To submit to the loss of, say goodbye to

FREQ.	FRENCH	ENGLISH

470 **Parler ferme à**
Si vous voulez du travail
consciencieux, il faut parler
ferme à vos étudiants.

To speak firmly to

Parler sévèrement à, parler d'un ton
ferme à, parler avec assurance à

471 **Prendre le contre-pied de**
Dans toutes les discussions, ce
père prend le contre-pied de son
fils.

To take the opposite
view from, contradict

Opposer (s') à
Faire opposition à, prendre
le parti opposé à ou contraire à

472 **Être à l'épreuve de**
Un bon coffre fort doit être à
l'épreuve du feu.

To be . . . proof (fire,
water, bomb, etc.)

"Être anti . . .", être capable
de résister à

473 **Être dans l'ignorance de**
En 1941, les États-Unis étaient
dans l'ignorance des intentions du
Japon.

To be in the dark about,
not know about

Ignorer
Ne pas être au courant de, ne
pas être instruit de

474 **Laisser maître de**
Je vous laisse maître de la
décision que vous jugerez bon de
prendre.

To leave free to,
leave complete leeway to

Laisser le soin de, laisser
libre de, laisser juge de

475 **Avoir charge de**
La marraine a charge de son
filleul.

To have charge of, take
care of, be responsible for

Avoir la responsabilité de, prendre
soin de, être chargé de

476 **Couper le chemin à**
La police a coupé le chemin aux
étudiants en émeute.

To block someone's path,
cut off passage,
be in a person's way

Barrer le passage à

FREQ.	FRENCH	ENGLISH

477 **Faire bon visage à**
Le vaincu fit bon visage au vainqueur.

To look pleasantly at someone, act amicably towards, give someone a good reception

Faire contre mauvaise fortune bon coeur, faire bonne mine à, se composer un visage

478 **Mettre le holà à**
Mon père a mis le holà à mes sorties nocturnes tardives.
Stopper, opposer (s') à
Rétablir l'ordre, mettre fin à

To put a stop to, cause to cease

479 **Mettre son veto à**
Son père met son veto à tous ses projets.
Opposer (s') à, refuser de
Faire opposition à

To say no to, put thumbs down on, veto

480 **Opposer résistance à**
Après quelques minutes de combat, le taureau n'opposait plus de résistance au toréador.
Résister à
Se défendre contre, tenir ferme

To put up resistance to, make a stand against, oppose

481 **Porter les regards sur**
Il suffit de porter les regards sur une photo pour avoir le mal du pays.
Regarder
Jeter un regard sur

To look upon, gaze at

482 **Prendre acte de**
Veuillez prendre acte des dernières décisions du conseil d'administration.
Noter
Prendre en considération, tenir compte de

To make a note of, put down (on paper)

483 **Avoir l'obligeance de**
Veuillez avoir l'obligeance de me mettre au courant des évènements.

To be so kind as to, be good enough to

Être assez aimable pour, avoir la bonté de

FREQ.	FRENCH	ENGLISH

484 **Avoir des prétentions sur**
Cet employé a des prétentions sur la présidence de la société.
Viser à
Avoir des vues sur

To have aspirations for, aspire to, claim the rights to

485 **Faire l'envoi de**
J'attends que le magasin me fasse l'envoi des meubles que je viens de commander
Envoyer
Faire parvenir à

To send out, dispatch

486 **Faire front à**
Faire front à toute situation est un signe de personnalité.
Opposer (s') à
Tenir tête à, faire face à

To face boldly, confront

487 **Faire la partie belle à**
Avec ses arguments, l'avocat ne fit pas la partie belle au juge.

Donner l'avantage à, rendre la chose aisée à

To make it easy for, lighten the burden of

488 **Faire grand cas de**
Durant le procès, le procureur fit grand cas des allégations de ce témoin.

Prendre en sérieuse considération, accorder de l'intérêt ou l'importance

To make much of, make a big thing over

489 **Se faire une fête de**
Il se fait une fête de partir avec vous en vacances.

Se faire une joie de, être heureux à l'idée de

To be delighted to, consider it a treat to, look forward to (doing something)

490 **Mettre la dernière main à**
Ce grand artiste mettait la dernière main à son chef-d'oeuvre lorsqu'il mourût.
Terminer, achever
Être sur le point d'achever, mettre la dernière touche à, faire la finition de (en usine)

To put on the finishing touches

FREQ.	FRENCH	ENGLISH
491	**Se mettre mal avec** Il s'est mis mal avec sa petite amie. *Fâcher (se) avec, brouiller (se) avec*	To have a falling out with, get on badly with
492	**Mettre bon ordre à** On essaie de mettre bon ordre aux abus sociaux. *Pourvoir à, arranger* Mettre fin à	To put things right, put an end to
493	**Chercher querelle à** Cette fille s'amuse à chercher querelle à sa soeur. *Provoquer* Chercher noise à	To try to pick a quarrel with, start an argument or fight with
494	**Avoir scrupule à** J'ai scrupule à lui demander cette faveur. *Hésiter à, ne pas oser*	To hesitate to, have scruples about
495	**Faire l'aumône de** La dame fit au mendiant l'aumône d'un repas. *Offrir* Faire la charité de	To give something charitably, give alms
496	**Faire corps avec** Le bon cavalier fait corps avec son cheval. *Adhérer à* Être partie intégrale de	To be closely united with, be an integral part of
497	**Faire effort pour** Je ferai effort pour vous aider dans vos nouvelles fonctions. Se donner un effort	To make an effort to, try one's utmost to
498	**Faire bonne mine à** Il fait bonne mine à sa mauvaise fortune. Faire bon visage à, faire contre mauvaise fortune bon coeur	To make the best of, accept cheerfully

FREQ.	FRENCH	ENGLISH

499 **Faire violence à**
Cet ivrogne fait violence à sa femme.
Battre, violenter, brutaliser
Agir par force, se livrer à des violences contre

To do violence to, be violent with

500 **Recueillir les fruits de**
Il est maintenant en position de recueillir les fruits de ses longues études.

Être récompensé de, tirer profit de

To reap the rewards of, enjoy the fruits of, benefit from

501 **Dire des injures à**
Lors de la discussion, ma soeur a dit des injures à mon frère.
Insulter, injurier, offenser, blesser

To speak injuriously to, speak unkindly to or about

502 **Prendre avantage de**
J'ai pris avantage de la situation.
Profiter de, abuser de
Tirer profit ou avantage de

To take advantage of, profit from

503 **Donner prise à**
Cette nouvelle pièce de théâtre a donné prise à la critique.
Permettre à, exposer (s') à
Fournir matière à

To give rise to, lay open to

504 **Jeter les yeux sur**
Le metteur en scène jeta les yeux sur cette jeune comédienne.
Choisir
Jeter son dévolu sur, fixer son choix sur

To select someone (for a post), cast one's eyes (favorably) on someone

505 **Prendre livraison de**
Le fabricant a pris livraison des matières premières.
Recevoir
Prendre en charge

To take delivery on, receive

506 **Franchir les bornes de**
En nous racontant cette histoire, il a franchi les bornes de la bienséance.

Dépasser ou franchir les limites de

To exceed the limits of, go too far, exceed propriety

FREQ.	FRENCH	ENGLISH

507 **Être de force à**
Aujourd'hui, je suis de force à défier le monde entier.

To have the energy to, be up to, feel like (+ gerund)

Être de taille à, être capable de

508 **Être la proie de**
Cette société a été la proie des créanciers.

To be the prey of, be the easy mark of, be the victim of

Être la victime de, être détruit ou être anéanti par

509 **Faire une croix sur**
Si vous mécontentez votre oncle, vous pourrez faire une croix sur votre héritage.

To give up forever, cross off, count as lost

Abandonner l'idée de, faire son deuil de

510 **Faire grâce de**
Ce soir, comme tu me parais fatiguée, je te fais grâce de préparer le souper.
Dispenser de, exempter

To spare from, let off, relieve from

511 **Lier les mains à**
Malheureusement, les derniers événements ont lié les mains à ce parti politique.

To tie the hands of, leave without recourse

Réduire à l'inaction ou à l'impuissance

512 **Donner son assentiment à**
Le directeur n'a pas donné son assentiment à notre projet.
Approuver, consentir à
Donner suite à, donner son accord à

To give one's consent to or for, give approval of

513 **Donner le change à**
Pour donner le change à l'accusation, il aborda un autre sujet.
Égarer, fourvoyer
Induire en erreur

To sidetrack, outwit one's pursuers, put someone on the wrong scent

FREQ.	FRENCH	ENGLISH

514 Faire présent de
Il m'a fait présent de toute sa collection.
Offrir, donner
Faire don de, faire cadeau de

To make a present of, offer as a gift

515 Faire la revue de
Après l'exercice, le général fit la revue de ses troupes.
Inspecter, examiner
Passer en revue

To conduct an inspection of, review, examine

516 Donner le ton à
Le premier violon donne le ton à l'orchestre.

Régler la mode ou les habitudes ou les manières d'une société

To set the fashion for, give the pitch to, keynote

517 Entrer en conversation avec
Après quelques minutes seulement, nous sommes entrés en conversation avec nos voisins.
Entretenir (s') avec
Lier connaissance avec, engager la conversation avec

To strike up a conversation with, enter into a conversation with

518 Appeler l'attention sur
Le professeur appela l'attention de ses étudiants sur un fait particulier.

Faire remarquer à, attirer l'attention de

To call one's attention to, point out

519 Être en harmonie avec
On est heureux lorsqu'on est en harmonie avec les autres.
Accorder (s') avec
Être en bonne entente avec, être en bon terme avec

To be in harmony with, be in agreement with, be in good rapport with

520 Faire fête à
Nous avons fait fête à nos parents au retour de leurs vacances.

Faire bon accueil à, souhaiter la bienvenue à, accueillir avec empressement

To receive with open arms, make welcome

FREQ.	FRENCH	ENGLISH

521 **Être à charge à**
Je ne veux pas être à charge à mes enfants quand je serai vieille.

To be a burden to or on, cause hardship to or for

Être pénible ou lourd à supporter, occasionner des dépenses à

522 **Se faire fort de**
Je me fais fort de finir ce travail avant la fin du mois.
Vanter (se) de
Prendre l'engagement de

To undertake to, take upon oneself to

523 **Remettre en mémoire à**
Ma femme m'a remis en mémoire mon rendez-vous chez le dentiste.

To remind someone about, jog one's memory

Faire se souvenir de, rappeler (quelque chose à quelqu'un)

524 **Adresser des compliments à**
Je vous adresse mes compliments à l'occasion de votre anniversaire.
Féliciter
Offrir (des) félicitations, présenter ses compliments à

To offer congratulations, wish someone well

525 **Passer la main à**
Après quarante ans de service, il passa la main à un jeune successeur.

To stand aside, give someone else the chance

Renoncer à ses prérogatives, céder la place à

526 **Se prendre d'amitié avec**
Il se prit vite d'amitié avec son voisin.

To make friends with

Se lier d'amitié avec, concevoir de l'amitié pour

527 **Prendre sa source dans**
Le communisme prit sa source dans la misère et les excès du capitalisme.

To originate from, stem from

Avoir pour origine, avoir ses racines dans

FREQ.	FRENCH	ENGLISH

528 **S'en remettre à la discrétion**
Je m'en remets à la discrétion de mon avocat pour le dernier mot dans cette affaire.
Fier (se) à, reposer (se) sur
Compter sur la discrétion de

To rely on, leave to someone's discretion

529 **Jeter son dévolu sur**
Pour présenter sa nouvelle collection, ce couturier jeta son dévolu sur une vedette de cinéma très célèbre.
Choisir
Fixer son choix sur, avoir des prétentions sur, avoir des vues sur, jeter les yeux sur

To pick out, choose

530 **Faire justice à**
Fais attention, car tes remarques ne font pas justice à tes parents.

Rendre justice à, être juste envers

To do justice to

531 **Faire le sacrifice de**
Je lui ai fait le sacrifice de ma bague, car celle-ci lui plaisait beaucoup.
Priver (se) de, sacrifier (se) pour

To sacrifice to give to another

532 **Rabattre le caquet de**
Il est le seul à pouvoir rabattre le caquet de sa soeur.

Clouer le bec à, faire taire, faire rabattre de ses prétentions

To reduce to silence, cut a person short

533 **Chanter les louanges de**
Le président chantait les louanges de ses subordonnés.
Louer, louanger
Exprimer son admiration à, faire l'éloge de, décerner des louanges à

To sing the praises of

534 **Donner l'éveil à**
C'est le bruit qui a donné l'éveil au gardien.
Alerter
Mettre sur ses gardes, éveiller les soupçons de

To put on the alert, warn, set on guard

FREQ.	FRENCH	ENGLISH

535 Donner du jeu à — To give play to, ease, slacken, loosen
Afin que cetter roue tourne plus librement, il faut donner du jeu à son axe.
Relâcher
Laisser du jeu à

536 Franchir le seuil de — To cross the threshold of or into
C'est à vingt et un ans que l'on franchit le seuil de la vie d'adulte.
Franchir
Franchir ou passer le cap de

537 Avoir vent de — To get wind of, learn about by chance
Il a eu vent de la prochaine vente de la société.

Avoir connaissance de, être informé de, apprendre par hasard

538 Faire la loi à — To lay down the law to, be strict
Les enfants font la loi à leurs parents dans cette famille
Commander, diriger

539 Être en butte à — To be exposed to, be the butt of
J'étais en butte à leurs moqueries.

Être l'objet de, être exposé à

540 Faire suite à — To follow up on, be a continuation of
Sa démonstration a fait suite à son exposé.
Suivre, succéder à
Être l'objet de, être exposé à

541 Passer par-dessus la tête de — To be over someone's head
La signification du discours de ce savant a passé par-dessus la tête de la plupart des auditeurs.

Être incapable de saisir ou de comprendre

542 Se faire un jeu de — To make sport of, make light of
Il se fait un jeu des problèmes mathématiques les plus ardus.
Jouer (se) de
Faire facilement

FREQ.	FRENCH	ENGLISH

543 **Faire le jour sur**
Il est temps que l'on fasse le
jour sur cette situation
économique.
Clarifier, éclaircir
Faire la lumière sur

To lay open, present to
view, bring to light, expose

544 **Faire ses remerciements pour**
Je ne manquerai pas de lui faire mes
remerciements pour sa gentillesse.
Remercier
Présenter ses remerciements

To give thanks for,
express gratitude to,
be grateful for

545 **Faire son affaire de**
Je ferai mon affaire des détails
de notre voyage.
Régler, charger (se) de
Prendre en charge

To take charge of,
regulate the course of

546 **Porter remède à**
Il faut que nous portions remède à
cette injustice tout de suite.
Remédier à
Trouver remède à

To remedy, make right,
rectify

547 **Prendre avis de**
Le sage prend avis de tout le
monde.
Écouter
S'enquérir de l'opinion de,
trouver remède à

To consider the opinion of

548 **Avoir la rage de**
Il a la rage de vivre.

Avoir la passion de, avoir le
goût de , être enthousiaste pour

To have a passion for,
be enthusiastic about

549 **Donner l'accolade à**
En Amérique du Sud, les hommes ont
l'habitude de donner l'accolade
aux étrangers pour les saluer.
Embrasser, saluer
Serrer dans ses bras

To hug or kiss someone,
embrace

550 **Être à mille lieues de**
Bien qu'il ait près de trente ans,
il est à mille lieues de se marier.

Être loin de, ne pas songer à

To be miles away from, be
far from, never dream of

73

| FREQ. | FRENCH | ENGLISH |

551 **Faire abus de**
Dans sa composition, cet élève fait abus de clichés.
Abuser de
Faire excès de, faire un usage excessif de

To indulge in too freely, make too frequent use of

552 **Faire alliance avec**
Ma soeur a fait alliance avec ma rivale.
Allier (s') à, liguer (se), associer (s') à

To side with

553 **Mettre en demeure de**
Le policier fut mis en demeure de trouver l'assassin dans les trois jours.
Obliger
Mettre au pied du mur

To compel or summon a person to do something

554 **Rompre tout commerce avec**
Castro rompit tout commerce avec les États-Unis.
Cesser de
Couper le contact avec, rompre toute relation avec

To break off all dealings with, cut off commerce with

555 **Tirer son origine de**
Ce plat savoureux tire son origine du moyen-âge.
Venir de
Avoir pour origine, prend racine dans, être issu de

To take its origin from, stem from, have its beginnings in

556 **Faire le relevé de**
Avant de mourir, il fit le relevé de tout son avoir.
Évaluer
Faire le détail ou le résumé de, faire le compte de

To make a statement of, make an abridged accounting of

557 **Faire une rente à**
Cette compagnie fait une rente à chacun de ses retraités.

Assurer un revenu annuel

To allow a pension to, pay out a retirement income to

FREQ.	FRENCH	ENGLISH

558 **Trouver son compte à**
Jamais tu ne trouveras ton compte
à investir tant d'argent dans
cette misérable affaire.

To get something out of,
profit from, benefit from

Trouver son bénéfice à, tirer
ou trouver profit à

559 **Faire affront à**
Vouloir lui faire l'aumône, c'est
faire affront au pauvre.
Humilier, offenser
Faire honte à

To humiliate, offend,
demean

560 **Rendre grâces à**
Le peuple rendit grâces à l'armée
d'avoir libéré son pays.
Remercier
Être reconnaissant envers

To be thankful to,
be grateful for

561 **Tirer gloire de**
Napoléon tira gloire de toutes ses
victoires.

To glory in,
take great pride in

Tirer orgueil de, tirer vanité

562 **Infliger un démenti à**
Ses dernières déclarations
infligent un démenti certain à
toutes vos suppositions.
Contredire

To contradict, run counter
to, assert the contrary of,
refute

563 **Donner son compte à**
La société donna son compte à son
trésorier pour cause de
falsification.
Congédier, renvoyer, licencier
Donner son congé, mettre à la porte

Remove from office,
dismiss, discharge

564 **Se mordre la langue de**
Combien de fois, je me suis mordu
la langue des insultes que j'ai
lancées à mon mari.
Regretter, repentir (se) de

To hold one's tongue,
regret having said
something

FREQ.	FRENCH	ENGLISH

565 **Avoir prise sur**
Il est important que les parents aient prise sur leurs enfants.
———
Avoir le contrôle de, avoir les moyens de faire obéir

To have a hold on, maintain control over, influence

566 **Faire un mauvais parti à**
Les gendarmes firent un mauvais parti aux bandits capturés.
Malmener, maltraiter
Traiter durement

To treat harshly, maltreat

567 **Tenir quitte de**
Par gentillesse, il m'a tenu quitte de mes dernières dettes envers lui.
Débarrasser, dispenser de
Libérer d'une dette, délivrer d'une obligation

To release from, remit the penalty of, wipe the slate clean

568 **Faire mordre la poussière à**
Il n'a pas eu de peine à faire mordre la poussière à son ennemi.
Terrasser
Jeter à terre

To cause that someone bite the dust

569 **Prendre communication de**
Vous pourrez prendre communication de la prochaine assemblée en contactant les informations.
Informer (s') de
Prendre connaissance de

To obtain information about, become informed about

570 **Faire outrage à**
En refusant de gérer la maison familiale, il a fait outrage à son père.
Outrager, offenser
Faire injure ou insulte à

To offend against, hurt the feelings of, subject to indignity

571 **Faire insulte à**
Parfois la publicité fait insulte à notre intelligence.
Offenser, outrager
Faire injure à

To insult, offend, affront

FREQ.	FRENCH	ENGLISH

572 **Faire mystère de**
Je n'aime pas sa façon de faire mystère de sa vie.

Tenir secret, mettre du mystère à

To be secretive about, be uncommunicative with, evasive, taciturn

573 **Être en position de**
Il n'est pas encore en position de prendre un mois de vacances.
Pouvoir
Avoir le droit de, être en droit de

To be able to, be in a position to

574 **Faire grise mine à**
Les ouvriers en grève font grise mine aux propositions de la direction.

Être insatisfait de, faire mauvais accueil à, mal accueillir

To be displeased about, display irritation against, give black looks to

575 **Donner un coup d'épaule à**
Son père lui a donné un coup d'épaule dans ses débuts.
Aider, épauler, soutenir
Venir en aide à

To help someone succeed

576 **Mettre à même de**
Les parents prudents mettent leurs enfants à même de gagner leur vie.

Donner l'occasion de, rendre libre de

To supply adequate means to, render able or capable, enable

577 **Piquer la curiosité de**
Sa conduite bizarre a piqué la curiosité de sa femme.

Exciter la curiosité de

To arouse curiosity about

578 **Croire de son devoir de**
Il croit de son devoir de se mêler des affaires d'autrui.

Se croire obligé de

To think it one's duty to, consider oneself duty-bound to

579 **Savoir gré de**
Je vous saurai gré de me répondre sans tarder.

Être reconnaissant de

To be grateful to a person for, be appreciative of

FREQ.	FRENCH	ENGLISH
580	**Être en passe de** Après une longue carrière, il est en passe de prendre sa retraite. *Apprêter (s') à* Être sur le point de, être en état de, être en situation de	To be on the way to, be moving toward
581	**Faire l'apologie de** L'avocat a réussi à faire l'apologie de son client. *Défendre, justifier* Faire l'éloge de	To clear from a charge, stick up for, champion
582	**Être en reste avec** Je ne crois pas être en reste avec vous. Devoir quelque chose à quelqu'un, être le débiteur de	To be indebted to, be under obligation to
583	**Avoir l'usage de** Je n'ai pas l'usage de la voiture sans son autorisation. Pouvoir utiliser	To be able to use, be permitted the use of
584	**Conter ses peines à** Chaque soir, ma camarade me conte ses peines. Raconter ses problèmes ou soucis à	To tell one's troubles to
585	**Délier la langue à** La torture délia la langue au prisonnier. Faire parler	To (cause to) loosen one's tongue
586	**Faire grand bruit de** Elle fit grand bruit de peu de chose. Donner du retentissement à	To make much of
587	**Agir de connivence avec** Le jeune homme agit de connivence avec son camarade dans le crime. Agir de concert avec, s'entendre avec quelqu'un pour	To act in collusion with, be in cahoots with

FREQ.	FRENCH	ENGLISH

588 **Mettre opposition à**
Les parents de cette jeune fille
ont mis opposition à son mariage.
Opposer (s') à, refuser
Mettre son veto

To oppose, be antagonistic towards, resist

589 **Abonder dans le sens de**
Un ignorant abondera toujours dans
le sens du dernier orateur
entendu.

To be entirely of the same opinion as, be wedded to one's own opinion of

Être de l'avis de

590 **Faire ses félicitations à**
Nous avons fait nos félicitations
à notre cousin pour ses
fiançailles.
Féliciter, congratuler

To wish someone well, offer one's congratulations, compliment

591 **Toucher un mot de**
Dans les deux minutes qui restent,
j'aimerais toucher un mot de vos
devoirs pour lundi.
Parler de, entretenir de

To touch on, talk briefly about, drop a hint

592 **Prendre ombrage de**
Depuis quelque temps, il prend
ombrage de la réussite de son
frère.
Chagriner (se)
Être jaloux de, être offensé de

To take offense at, be jealous of

593 **Être au fait de**
Il est au fait des affaires
étrangères.

To know how things stand, be well informed about

Être au courant de

594 **Être ferré sur**
Il est très ferré sur la cote de
la bourse.

To be well up on

Être fort sur, être très renseigné sur, connaître à fond

595 **Avoir l'honneur de**
J'ai l'honneur de vous présenter
ma famille.

To have the honor of

Avoir le plaisir de, être heureux de

FREQ.	FRENCH	ENGLISH

596 **Conter fleurette à**
Les garçons aiment conter fleurette aux jeunes filles.
Courtiser
Tenir des propos galants

To flirt with

597 **Frotter les oreilles à**
S'il continue à faire des bêtises, je frotterai les oreilles à ton frère.
Battre, maltraiter

To box someone's ears

598 **Faire offense à**
Vous me feriez grande offense en ne venant pas à mon mariage.
Offenser, insulter

To commit an affront, give offense to, insult

599 **Faire défaut à**
Celui qui refuse d'assumer la fonction de juré fait défaut à ses obligations civiques.
Manquer à

To fall short in, fail in

600 **Être en situation de**
Je suis enfin en situation de m'acheter une nouvelle voiture.
Pouvoir
Être capable ou en position de

To be in a position to, be able to

601 **Se mettre au diapason de**
Il s'est mis au diapason de la situation.

Se mettre à l'unisson de, se mettre au niveau de

To put oneself on a level with, ally

602 **Mettre au fait de**
Mettez-moi au fait de tout ce qui s'est passé pendant mon absence.
Informer de
Mettre au courant

To bring up to date on

603 **Obtenir communication de**
Après l'accident, les journalistes eurent beaucoup de peine à obtenir communication des causes du sinistre.

Être informé de, obtenir des renseignements sur

To find out about, become informed about

FREQ.	FRENCH	ENGLISH

604 **Prendre de l'avance sur**
Les bandits prirent de l'avance sur le shérif.
Avancer, précéder

To get a head start on, get ahead of, do (something) ahead of time

605 **Briser le tympan à**
Arrête de crier si fort, tu me brises le tympan!
―――――
Casser les oreilles à, rendre sourd

To break one's eardrums, be deafening

606 **Être mal venu de**
Il serait mal venu d'insister après son refus.
―――――
Être mal à propos de, être de mauvais goût de

To be inappropriate, be in bad taste

607 **Avoir de la compassion pour**
Il a de la compassion pour les réfugiés.
Apitoyer (s') sur
Avoir de la pitié pour

To have compassion for

608 **Tirer sa source de**
Cette fête américaine tire sa source de très anciennes traditions.
―――――
Tirer son origine de

To originate from

609 **Faire un brin de conduite à**
En partant, il m'a fait un brin de conduite.
Raccompagner

To accompany someone a ways, walk a short distance with

610 **Faire hommage à**
Le héros fit hommage à sa reine de son épée victorieuse.
Offrir, présenter à
Faire don de

To do homage to, pay obeisance to, pay a tribute to

611 **Se prendre de querelle avec**
Si tu continues à me chicaner, je me prendrai de querelle avec toi.
Battre (se) avec, disputer (se) avec

To pick a quarrel with, be at odds with, bicker with

FREQ.	FRENCH	ENGLISH
612	**Rendre les derniers devoirs à** En suivant ses instructions pour son enterrement, la famille a rendu les derniers devoirs au grand-père. Rendre les honneurs funèbres à	To pay the last respects to, hold funeral rites for
613	**Mettre obstacle à** Parfois, les femmes mettent obstacle aux élans des hommes. *Opposer (s') à, stopper*	To put an obstacle in the way, prevent, oppose
614	**Tirer vengeance de** Il avait promis à son père de tirer vengeance de l'outrage fait à leur nom. *Venger (se) de*	To avenge someone for, be revenged for
615	**Faire un pont d'or à** Pour l'engager, cette société fit un pont d'or à cet ingénieur. Offrir beaucoup d'argent à quelqu'un (pour s'assurer ses services)	To make an attractive (monetary) offer to, extend tempting terms to
616	**Chercher noise à** Après le match, les perdants cherchèrent noise aux gagnants. *Provoquer* Chercher querelle	To try to start a quarrel with, pick a quarrel with, pick on
617	**Éveiller la suspicion de** Il avait un air tellement faux que cela a éveillé la suspicion des gardes. Éveiller les soupçons de, éveiller la méfiance de, faire naître les soupçons	To arouse the suspicion of
618	**Faire fi de** Malgré la situation difficile où il se trouvait, il a fait fi de mon offre. *Dédaigner, ignorer*	To turn up one's nose at, turn a deaf ear to, despise something

FREQ.	FRENCH	ENGLISH
619	**Avoir maille à partir avec** Les étudiants ont souvent maille à partir avec la police.	To have a dispute with, have a bone to pick with
	Avoir des ennuis avec, avoir des heurts avec, avoir des démêlés avec	
620	**Prêter sa voix à** Cet écrivain très célèbre prêta sa voix au nouveau mouvement démocratique. *Voter pour, rallier (se) à* Donner sa voix à	To speak for, vote for
621	**Tirer vanité de** Elle tire vanité de sa grande beauté. *Enorgueillir (s') de* Être fier de	To take pride in, be vain of a thing
622	**Être la coqueluche de** Le nouveau-né est la coqueluche de la famille.	To be the darling of, be a great favorite of
	Être l'orgueil de, être aimé de, être populaire parmi, être le préféré de	
623	**Avoir le front de** Il a eu le front de s'interposer dans la querelle.	To have the impudence to
	Avoir l'audace de, avoir l'impudence de	
624	**Faire escorte à** La plus simple courtoisie veut que l'hôte fasse escorte à ses convives jusqu'aux portes de sa demeure.	To escort, send an escort with
	Escorter ou conduire ou accompagner jusqu'à	
625	**Avoir la mine de** Tu as la mine de ta mère. *Ressembler à* Avoir un air de	To look like

FREQ.	FRENCH	ENGLISH

626 **Avoir l'oeil sur**
J'ai l'oeil sur ses agissements.
Surveiller

To keep an eye on, watch, see to

627 **Prêter la main à**
J'ai prêté la main à cette troupe de théâtre amateur.
Aider à

To lend someone a hand, come to someone's assistance

628 **Avoir la hardiesse de**
Il eut la hardiesse de dire non devant le prêtre.
────────
Avoir le courage, avoir l'audace de

To have the audacity to, have the effrontery to

629 **Faire ombrage à**
Sa présence dans l'administration fit vite ombrage à plus d'un ancien collaborateur.
Fâcher, inquiéter
Porter ombrage à

To make someone angry, offend

630 **Adresser des insultes à**
Il adressa des insultes à son percepteur parce qu'il s'était trompé.
Insulter
Lancer des insultes à

To insult someone, affront

631 **Ouvrir l'oreille à**
N'ouvrez jamais l'oreille aux rapports médisants.
Écouter
Prêter attention à, prêter l'oreille à

To lend an ear, listen to

632 **Penser du bien de**
Tout le monde pense du bien de cet homme-là.
Apprécier, estimer
Porter de l'estime à

To think highly of, think well of

633 **Se porter caution pour**
Mon oncle se porte souvent caution pour les noirs de son quartier.
Engager (s') pour
Se porter garant pour

To go bail for someone, stand bail for

FREQ.	FRENCH	ENGLISH

634 **Avoir part à**
Tu n'auras pas part au festin si tu ne te conduis pas mieux.
Participer
Prendre part à

To have a share in, have a hand in

635 **Être en veine de...**
Il n'est pas souvent en veine de générosité.

To be in a ... mood (generous, hopeful, happy, sad, etc.)

Être en humeur de, avoir la chance de

636 **Être sous l'empire de**
Les accidents de la route arrivent souvent parce que le chauffeur est sous l'empire de l'alcool.

To be under the influence of, be under the rule of

Être sous l'influence de, être sous l'emprise de

637 **Rentrer en grâce auprès de**
Sa sincérité le fit rentrer en grâce auprès de ses juges.

To be forgiven by, get into favor again

Être pardonné par, retrouver les bonnes grâces ou la considération ou la faveur de

638 **Être au-dessus de la portée de**
L'infinité est au-dessus de la portée de l'esprit humain.

To be beyond the understanding of, be incomprehensible

Dépasser l'entendement de

639 **Plier sous l'autorité de**
Pendant des jours, il n'a rien avoué, mais enfin il plia sous l'autorité du policier.
Soumettre (se), céder

To bend under the authority of, yield to someone's authority

640 **Donner sa main à**
Ma soeur a donné sa main à un suisse.
Épouser, marier (se) avec

To give one's hand in marriage

FREQ.	FRENCH	ENGLISH
641	**Rendre honneur à** Vous avez rendu honneur à notre famille en assistant à mon mariage. *Honorer*	To pay a compliment to, honor
642	**Être fondé à** Malgré tous les services que nous avons rendus, nous ne sommes pas fondés à demander une indemnisation. Être autorisé à	To have grounds for, have a right to, be justified in
643	**Tenir la bride haute à** Les militaires tiennent la bride haute à ceux qui sont sous leurs ordres. Être strict envers, se montrer sévère envers	To keep a tight rein on, be high handed with
644	**Être en contestation avec** Je suis en contestation avec mon mari sur la discipline de nos enfants. Être en désaccord avec, être en conflit avec	To be in disagreement with
645	**Être d'intelligence avec** Pour faire cette farce, j'étais d'intelligence avec mon frère. Être d'accord avec, être de connivence avec	To be in collusion with, have an understanding with
646	**Avoir des desseins sur** Il a des desseins sur le testament de son oncle. Avoir des vues sur, jeter son dévolu sur	To have designs on
647	**Faire montre de** Les vrais savants ne font jamais montre de leur science. *Montrer* Faire étalage de, faire parade de, se donner en spectacle	To make a show of, display

FREQ.	FRENCH	ENGLISH
648	**Donner avis à** J'ai donné avis au patron de mon départ. *Signaler à, notifier à*	To give notice to, advise
649	**Avoir des doutes sur** J'ai des doutes sur sa sincérité. *Suspecter, douter de* Avoir des soupçons sur, être soupçonneux	To have doubts about, harbor misgivings
650	**Dire son fait à** Trop peu de gens ont le courage de dire leur fait à ceux qui se conduisent mal. Dire ses quatre vérités à	To tell someone what one thinks of
651	**Faire sa soumission à** L'architecte a fait sa soumission au comité. *Se soumettre à*	To yield to, profess obedience, be submissive, surrender
652	**Être en peine de** Depuis ses nombreux voyages autour du monde, il est en peine de sa santé. Avoir du mal à, être fort embarrassé de, avoir du souci pour	To be worried about, be uneasy about, be anxious about
653	**Faire métier de** Cet artiste peintre fait métier de son talent. Faire profession de	To make a profession of, make a living from
654	**Mettre sa gloire à** Jules César mit toute sa gloire à étendre l'empire romain. Mettre son point d'honneur à, engager son honneur dans	To glory in, boast of
655	**Se prendre de bec avec** Ma mère se prit de bec avec sa voisine. *Quereller (se), disputer (se)*	To get into an argument with

FREQ.	FRENCH	ENGLISH
656	**Avoir des démêlés avec** Après son accident, il eut des démêlés avec la justice. Avoir des problèmes ou ennuis avec, avoir maille à partir avec	To have unpleasant dealings with
657	**Être l'âme damnée de** Scarface était l'âme damnée de la Mafia. Être dévoué aveuglément à, être le mauvais ange de	To be a mere tool in the hands of, be the doer of someone's dirty work
658	**Avoir le pas sur** Le roi a le pas sur ses ministres. Avoir priorité sur	To have precedence over, put someone into the background
659	**Lier partie avec** La défaite étant inévitable, il lia partie avec son adversaire. *Allier (s') à*	To take sides with
660	**Taper sur le ventre à** Certains politiciens se font élire en tapant sur le ventre aux concurrents. *Calomnier, diffamer* Taper dans le dos à	To slander, treat with great familiarity
661	**Arracher le masque à** Le policier arracha le masque à la conspiration. *Découvrir, démasquer*	To unmask a person, reveal, disclose
662	**Faire ses délices de** Dans ses articles, ce journaliste fait ses délices des scandales publics. *Délecter (se) à ou de, régaler (se) de* Prendre un plaisir extrême à	To revel in
663	**Prendre feu pour** Les jeunes prennent feu pour toutes les causes. *Enflammer (s') pour, enthousiasmer (s') pour*	To be inclined to give support to

FREQ.	FRENCH	ENGLISH
664	**Ajouter foi à** J'ajoute foi à son habilité de réussir. *Croire à* Avoir foi en	To give credit to, believe
665	**Avoir la primeur de** J'ai eu la primeur de cette nouvelle. Être le premier à savoir	To be the first to... something (do, hear, know, see, etc.)
666	**Faire l'octroi de** Avant sa mort, le comte fit l'octroi d'une partie de ses terres à la communauté. *Donner, octroyer* Faire donation de	To make a donation of
667	**Rendre ses devoirs à** Oublier la fête des mères, c'est ne pas rendre ses devoirs à sa mère. *Honorer, respecter*	To pay one's respects to
668	**Être de niveau avec** Cette chaise étant cassée, elle n'est plus de niveau avec les autres. Être au même niveau que, être de force à, être sur le même plan que	To be on the same level with, even with
669	**Demander raison de (*or* demander des explications sur)** Je te demande raison de ta conduite. Demander réparation ou satisfaction de	To demand satisfaction for (*or* to ask for an explanation of, ask the reason of or for)
670	**Porter de la haine à** Depuis que ses parents ont été tués, il porte de la haine à l'égard des Nazis. *Haïr, abominer, exécrer, abhorrer*	To feel hatred toward
671	**Être en faveur auprès de** Les étudiants n'aiment pas ceux qui sont en faveur auprès des professeurs. Être dans les bonnes grâces de	To be in favor with (a person), be in vogue

FREQ.	FRENCH	ENGLISH

672 **Trouver faveur auprès de**
Quel soulagement d'avoir trouvé faveur auprès de mon patron.
Plaire à

To find favor with, be in the good graces of

673 **Faire miséricorde à**
Jésus fit miséricorde à tous.
Pardonner
Être miséricordieux envers

To be merciful to, show mercy

674 **Avoir mission de**
Le diplomate a mission de représenter son pays.

Avoir la responsabilité de, être chargé de

To be commissioned to

675 **Être à tu et à toi avec**
Il est faux que Mao soit à tu et à toi avec Brejnev.

Être familier avec

To be on familiar terms with, be well acquainted with

676 **Avoir dessein de**
Chacun devrait avoir dessein de réussir dans la vie.

Avoir pour but de, avoir le désir de

To have the intention of, intend

677 **Faire comparaison de**
Il ne faut pas toujours faire comparaison d'un enfant avec ses frères et soeurs.
Comparer
Établir un rapprochement avec, établir une comparaison entre

To compare with

678 **User de rigueur envers**
Comment osez-vous user de rigueur envers vos parents?

Être sévère envers

To be severe with, be hard on

679 **N'avoir cure de**
Je n'ai cure de vos ennuis.
Désintéresser (se) de, moquer (se) de
Ne pas se soucier de

To not care about, pay no heed to

FREQ.	FRENCH	ENGLISH

680 **Avoir égard à**
En prenant tes décisions, aie égard à ton but principal.

To keep in mind, take into consideration, allow for

Garder en mémoire, ne pas perdre de vue

681 **Porter amitié à**
Ce vieillard portait amitié à son neveu quand il en avait le plus grand besoin.

To give friendship to

Offrir son amitié à

682 **Avoir garde de**
Ayez garde de me donner toutes les instructions nécessaires.

To take care, be careful to

Avoir soin de, ne pas oublier de

683 **Épouser la querelle de**
J'épouse la querelle des jeunes contre la guerre au Viêt-Nam.

To espouse the cause of

Épouser la cause de, prendre parti pour

684 **Se faire une religion de**
Je me fais une religion d'aider les pauvres.

To make a religion of, make something a point of conscience

Se faire une obligation de

685 **Porter envie à**
Les pauvres portent envie aux riches.
Envier

To be envious of (someone)

686 **Donner lieu de**
L'incendie lui a donné lieu de reconstruire à neuf la maison.
Justifier
Donner l'occasion

To give reason to, prove to be warranted, give rise to

687 **Avoir de l'inclination pour**
J'ai de l'inclination pour les animaux.

To have a liking for, feel inclined to

Être attiré par, avoir un penchant pour

FREQ.	FRENCH	ENGLISH

688 **Prendre à tâche de**
Il prit à tâche de remettre sur pied la société commerciale de son père.

To undertake to, make it one's duty to

Prendre à coeur de, prendre au sérieux de

689 **Avoir des intelligences avec**
Nous savons qu'il a des intelligences avec des gens peu honnêtes.
Entendre (s') avec
Avoir partie liée avec, avoir affaire à

To have (secret) dealings with

690 **Faire la mine à**
Il fait la mine à toute proposition qui n'est pas la sienne.

To make a face at, look displeased, sulk

Montrer du dédain pour, témoigner son mécontentement

691 **Donner l'essor à**
Il ne faut pas donner l'essor aux tentations.

To give way to, give license to

Laisser le champ libre à

692 **Faire poser le masque à**
Grâce à sa perspicacité, Sherlock Holmes fit poser le masque au véritable coupable.
Démasquer
Abattre le masque à

To expose in its true character, unmask, reveal

693 **Rendre raison de**
Le mari a rendu raison de son retard à sa femme.
Expliquer (s')

To give an account of, give satisfaction for

694 **Mettre empêchement à**
Il mit empêchement à l'ascension de son jeune collaborateur.
Opposer (s') à, gêner

To put an obstacle in the way of, hinder, oppose

695 **Ajouter créance à**
Il ne faut pas ajouter créance à tout ce qu'on lit.
Croire
Ajouter foi à

To give credit to, add credence to

FREQ.	FRENCH	ENGLISH

696 **Passer écriture de**
Il donna l'ordre au comptable de passer écriture de la perte due aux difficultés économiques.
Enregistrer, inscrire

To enter into the books, inscribe

697 **Donner les mains à**
Ne donnez jamais les mains à une combinaison déloyale.
Prendre part à

To take part in, give one's consent to

698 **Courir sus à**
Ensemble avec les policiers, nous courions sus aux fugitifs échappés de la prison.
Poursuivre, courir après

To go after, pursue

699 **Boire le sang à**
Par leur bruit, ces enfants me boivent le sang.
Épuiser
Drainer l'énergie de

To torture or torment

700 **Faire nargue à**
Le gamin faisait nargue au gendarme à ses trousses.
Narguer, défier, braver

To haughtily defy

PART 2
FRENCH ALPHABETICAL LISTINGS

Le fils marche sur les pas de son père.

The alphabetically arranged glossary sections of *700 French Idioms* is devoid of all punctuation with the exception of hyphens and parentheses. Listings are word by word, short before long as in most library card catalogs.

In order to facilitate looking up idiom equivalents, some of the 1,382 entries have duplicate or triplicate listings. For example, the initial letter of the idiom *être à cheval sur* is found under the letter *e*. It is also found under the letter *a* — *à cheval sur, être*.

Before the English equivalent of each idiom, a frequency-of-occurrence number appears. The number refers the reader back to the basic entry in Part I for a vernacular example of the idiom, a more complete English translation, and synonymous idioms and verbal equivalents.

Where the English translation of the idiom is an infinitive, "to" is omitted.

FRENCH	FREQ.	ENGLISH

A

FRENCH	FREQ.	ENGLISH
À cheval sur, être	427	Be a stickler for
À même de, mettre	576	Supply adequate means to
Abonder dans le sens de	589	Be entirely of the same opinion as
Abri de, être à l'	106	Be sheltered from
Abri de, se mettre à l'	228	Take shelter from
Abstraction de, faire	402	Leave out of account
Abus de, faire	551	Indulge in too freely
Accès à, avoir	132	Have access to
Accès à, donner	280	Give access to
Accolade à, donner l'	549	Hug or kiss someone
Accord avec, être d'	16	Agree with
Accord avec, se mettre d'	86	Come to an agreement with
Accord sur, tomber d'	238	Come to agreement
Accroc à, faire un	239	Make a tear
Accusation contre, porter une	370	Make an accusation against
Accuser réception de	344	Acknowledge receipt of
Acte de, prendre	482	Make a note of
Adieu à, dire	189	Give up
Adresser des compliments à	524	Offer congratulations
Adresser des insultes à	630	Insult someone
Adresser la parole à	71	Speak to
Affaire à, avoir	26	Have to deal with
Affaire de, être l'	236	Be the business of
Affaire de, faire l'	150	Suit one's purpose
Affaire de, faire son	545	Take charge of
Affront à, faire	559	Humiliate
Affront à, faire un	332	Slight
Affût de, être à l'	289	Be on the lookout for
Âge à, être d'	380	Be old enough to
Agir de connivence avec	587	Act in collusion with

FRENCH	FREQ.	ENGLISH
Aide à, venir en	99	Come to the aid of
Ajouter créance à	695	Give credit to
Ajouter foi à	664	Give credit to
Aller à l'encontre de	330	Run counter to
Aller à la rencontre de	51	Go to meet
Aller à, se laisser	146	Abandon oneself to
Aller au secours de	30	Go to the aid of
Alliance avec, faire	552	Side with
Allusion à, faire	135	Make indirect reference to
Âme damnée de, être l'	657	Be a mere tool in the hands of
Amitié à, porter	681	Give friendship to
Amitié avec, se lier d'	355	Make friends with
Amitié avec, se prendre d'	526	Make friends with
Amitiés à, faire ses	299	Give one's greeting to
Apologie de, faire l'	581	Clear from a charge
Appel à, faire	109	Call upon
Appeler l'attention sur	518	Call one's attention to
Arracher le masque à	661	Unmask a person
Arriver au terme de	305	Come to the end of
Assaut à, donner l'	460	Assault
Assentiment à, donner son	512	Give one's consent to or for
Assistance à, prêter	371	Lend a hand
Attacher de l'importance à	21	Attach importance to
Attacher de la valeur à	164	Place worth on
Attacher du prix à	313	Set a high value on
Attention à, faire	24	Be careful of
Attention sur, appeler l'	518	Call one's attention to
Attention sur, fixer son	220	Focus one's attention on
Au courant de, mettre	69	Bring up to date on
Au courant de, se mettre	47	Bring oneself up to date on
Audience à, donner	451	Give an audience to
Aumône de, faire l'	495	Give something charitably
Autorité de, plier sous l'	639	Bend under the authority of

FRENCH	FREQ.	ENGLISH
Avance sur, prendre de l'	604	Get a head start on
Avances à, faire les	316	Make advances at
Avantage à, avoir	266	Be to one's advantage to
Avantage de, prendre	502	Take advantage of
Aversion pour, avoir de l'	457	Have an aversion to
Avis à, donner	648	Give notice to
Avis de, être de l'	107	Have or be of the same opinion as
Avis de, prendre	547	Consider the opinion of
Avoir à coeur de	381	Be bent on
Avoir accès à	132	Have access to
Avoir affaire à	26	Have to deal with
Avoir avantage à	266	Be to one's advantage to
Avoir besoin de	12	Be in need of
Avoir bonne opinion de	318	Have a good opinion of
Avoir charge de	475	Have charge of
Avoir confiance en	34	Have confidence in
Avoir connaissance de	338	Be aware of
Avoir conscience de	102	Be conscious of
Avoir coutume de	352	Be accustomed to
Avoir de l'aversion pour	457	Have an aversion to
Avoir de l'estime pour	127	Hold in high esteem
Avoir de l'inclination pour	687	Have a liking for
Avoir de l'influence sur	40	Have an influence on
Avoir de la compassion pour	607	Have compassion for
Avoir de la peine à	105	Have trouble
Avoir de la répugnance pour	394	Have a dislike for
Avoir des démêlés avec	656	Have unpleasant dealings with
Avoir des desseins sur	646	Have designs on
Avoir des doutes sur	649	Have doubts about
Avoir des droits sur	202	Have rights or privileges to or for
Avoir des histoires avec	58	Have trouble with

FRENCH	FREQ.	ENGLISH
Avoir des intelligences avec	689	Have (secret) dealings with
Avoir des obligations envers	221	Be obligated to
Avoir des prétentions sur	484	Have aspirations for
Avoir des torts envers	319	Behave badly towards
Avoir des vues sur	321	Have one's eyes on
Avoir dessein de	676	Have the intention of
Avoir droit à	93	Have a right to
Avoir du goût pour	260	Have a taste for
Avoir du mal à	28	Have trouble with
Avoir du mépris pour	268	Have contempt for
Avoir du penchant pour	423	Be fond of
Avoir du respect pour	188	Have respect for
Avoir égard à	680	Keep in mind
Avoir envie de	6	Feel like
Avoir foi en	447	Have faith in
Avoir garde de	682	Take care
Avoir hâte de	104	Be in a hurry to
Avoir honte de	203	Be ashamed of
Avoir horreur de	27	Feel an aversion toward
Avoir intérêt à	84	Be to one's advantage
Avoir l'air de	2	Appear to
Avoir l'expérience de	103	Have experience in
Avoir l'habitude de	3	Be in the habit of
Avoir l'honneur de	595	Have the honor of
Avoir l'intelligence de	247	Have the intelligence to
Avoir l'intention de	14	Intend to
Avoir l'obligeance de	483	Be so kind as to
Avoir l'occasion de	35	Have the chance to
Avoir l'oeil sur	626	Keep an eye on
Avoir l'usage de	583	Be able to use
Avoir la bonté de	327	Be so kind as
Avoir la faculté de	465	Have the ability to
Avoir la franchise de	113	Have the openness to

FRENCH	FREQ.	ENGLISH
Avoir la garde de	196	Be in charge of
Avoir la hardiesse de	628	Have the audacity to
Avoir la manie de	59	Have a mania for
Avoir la mine de	625	Look like
Avoir la présence d'esprit de	158	Have the presence of mind to
Avoir la prétention de	97	Pretend to
Avoir la primeur de	665	Be the first to . . . something (do)
Avoir la prudence de	278	Be careful to
Avoir la rage de	548	Have a passion for
Avoir le courage de	13	Have the courage to
Avoir le droit de	29	Be entitled to
Avoir le front de	623	Have the impudence to
Avoir le pas sur	658	Have precedence over
Avoir le plaisir de	312	Be happy to
Avoir le privilège de	393	Have the privilege to
Avoir les moyens de	85	Have the means to
Avoir les yeux sur	320	Keep one's eyes on
Avoir maille à partir avec	619	Have a dispute with
Avoir mal à	1	Have an ache
Avoir mission de	674	Be commissioned to
Avoir part à	634	Have a share in
Avoir peur de	11	Be afraid
Avoir peur pour	363	Be afraid for
Avoir pitié de	36	Feel sorry for
Avoir pour but de	328	Have as a goal
Avoir pour habitude de	383	Be in the habit of
Avoir prise sur	565	Have a hold on
Avoir raison de	50	Be right about
Avoir rapport à	413	Have to do with
Avoir recours à	225	Have recourse to
Avoir scrupule à	494	Hesitate to
Avoir ses entrées chez	430	Have an in with

FRENCH	FREQ.	ENGLISH
Avoir soin de	367	Take care to
Avoir tendance à	78	Have a tendency to
Avoir trait à	424	Relate to
Avoir un faible pour	94	Have a liking for
Avoir une dent contre	243	Bear a grudge against
Avoir une explication avec	120	Have a talk
Avoir une liaison avec	267	Have an affair with
Avoir vent de	537	Get wind of

B

Baisser le ton à, faire	294	Quiet down
Balle à, renvoyer la	373	Reply to
Barrer la route à	137	Block the way of
Bas à, parler	145	Speak softly to
Beaucoup dans, être pour	290	Have a lot to do with
Bec avec, se prendre de	655	Get into an argument with
Belles à, en faire voir de	436	Give much trouble to
Belles sur, en dire de	385	Say much that is strange or scandalous about
Besogne à, mâcher la	445	Facilitate the task for
Besoin de, avoir	12	Be in need of
Bien à, faire du	55	Help
Bien avec, se mettre	269	Get along well with
Bien de, penser du	632	Think highly of
Boire le sang à	699	Torture or torment
Bon ton de, être de	453	Be considered to be good form to
Bonjour à, donner le	314	Say hello to
Bonne mine à, faire	498	Make the best of
Bonté de, avoir la	327	Be so kind as
Bornes de, franchir les	506	Exceed the limits of
Bouche à, fermer la	364	Silence
Bout de, être à	129	Be at the end of

FRENCH	FREQ.	ENGLISH
Bout de, venir à	201	Come to the end or close of
Bride haute à, tenir la	643	Keep a tight rein on
Briser le tympan à	605	Break one's eardrums
But de, avoir pour	328	Have as a goal
Butte à, être en	539	Be exposed to

C

FRENCH	FREQ.	ENGLISH
Cadeau de, faire	95	Offer as a gift
Capable de, être	22	Be capable of
Caquet de, rabattre le	532	Reduce to silence
Cas de, faire	354	Value
Cas de, faire peu de	450	Pay little attention to
Cas de, se trouver dans le	406	Find oneself in a position to
Casser les pieds à	31	Get on one's nerves
Cause commune avec, faire	443	Be allies with
Cause de, être	372	Be the cause of
Cause pour, prendre fait et	454	Be all for
Causer de l'embarras à	418	Cause trouble for
Causer un grand préjudice à	409	Inflict injury on
Caution pour, se porter	633	Go bail for someone
Céder la parole à	224	Turn the floor over to
Céder la place à	88	Give one's seat to
Change à, donner le	513	Sidetrack
Chanter les louanges de	533	Sing the praises of
Charge à, être à	521	Be a burden to or on
Charge de, avoir	475	Have charge of
Charité à, faire la	272	Give alms to
Chemin à, couper le	476	Block someone's path
Chemin de, prendre le	222	Set out for
Chercher dispute à	329	Pick a quarrel with
Chercher noise à	616	Try to start a quarrel with
Chercher querelle à	493	Try to pick a quarrel with
Cligner de l'oeil à	395	Wink at

FRENCH	FREQ.	ENGLISH
Coeur de, avoir à	381	Be bent on
Collision avec, entrer en	298	Collide with
Commerce avec, rompre tout	554	Break off all dealings with
Communication avec, être en	258	Be in touch with
Communication avec, se mettre en	334	Get in touch with
Communication de, obtenir	603	Find out about
Communication de, prendre	569	Obtain information about
Compagnie à, fausser	153	Slip away from
Compagnie à, tenir	76	Keep company with
Comparaison de, faire	677	Compare with
Compassion pour, avoir de la	607	Have compassion for
Compliments à, adresser des	524	Offer congratulations
Compte à, donner son	563	Remove from office
Compte à, régler son	167	Get even with
Compte à, trouver son	558	Get something out of
Compte de, mettre sur le	335	Lay the blame on
Compte de, rendre	179	Make an accounting of
Compte de, se rendre	23	Realize
Compte de, tenir	45	Take into account
Compte rendu de, faire le	130	Give an account of
Concessions à, faire des	173	Make concessions to
Concours à, offrir son	415	Offer assistance to
Concours à, prêter son	350	Come to the aid of
Conduite à, faire un brin de	609	Accompany someone a ways
Confiance à, donner	205	Give confidence or self-assurance
Confiance à, faire	25	Trust
Confiance de, tromper la	411	Betray someone's trust or confidence
Confiance en, avoir	34	Have confidence in
Confidences à, faire ses	92	Confide in
Confier un secret à	114	Tell a secret to
Congé à, donner	249	Dismiss
Congé de, prendre	195	Take leave of

FRENCH	FREQ.	ENGLISH
Connaissance avec, faire	117	Make the acquaintance of
Connaissance de, avoir	338	Be aware of
Connaissance de, faire la	46	Make the acquaintance of
Connaissance de, prendre	223	Inquire into
Connivence avec, agir de	587	Act in collusion with
Connivence avec, être de	323	Connive with
Conquête de, faire la	340	Win the heart of
Conscience de, avoir	102	Be conscious of
Conscience de, prendre	210	Become aware
Conseil à, demander	128	Ask advice from
Conseil de, prendre	466	Consult
Contact avec, être en	82	Be in contact with
Contact avec, prendre	149	Get in touch with
Conter fleurette à	596	Flirt with
Conter ses peines à	584	Tell one's troubles to
Contestation avec, être en	644	Be in disagreement with
Contre de, prendre le	471	Take the opposite view from
Contrôle sur, exercer un	306	Exercise control over
Conversation avec, entrer en	517	Strike up a conversation with
Copie de, prendre	449	Make a copy of
Coqueluche de, être la	622	Be the darling of
Corps avec, faire	496	Be closely united with
Correspondance avec, être en	387	Correspond with
Coup d'épaule à, donner un	575	Help someone succeed
Coup d'oeil sur, jeter un	60	Take a quick look
Coup de grâce à, donner le	378	Give the death blow to
Coup de main à, donner un	39	Lend a helping hand to
Coupe de, être sous la	463	Be under the thumb of
Couper court à	279	Cut short
Couper l'herbe sous le pied de	422	Cut the grass from under someone's feet
Couper la parole à	64	Interrupt
Couper le chemin à	476	Block someone's path

FRENCH	FREQ.	ENGLISH
Couper les vivres à	261	Cut off the support of
Cour à, faire la	246	Seek the favors of
Courage de, avoir le	13	Have the courage to
Courir le risque de	197	Run the risk of
Courir sus à	698	Go after
Court à, couper	279	Cut short
Court de, être à	90	Be lacking in
Coutume de, avoir	352	Be accustomed to
Créance à, ajouter	695	Give credit to
Croire de son devoir de	578	Think it one's duty to
Croix sur, faire une	509	Give up forever
Cure de, n'avoir	679	Not care about
Curiosité de, piquer la	577	Arouse curiosity about

D

Décision de, prendre la	75	Make a decision to
Défaut à, faire	599	Fall short in
Défi de, mettre au	368	Challenge to
Délices de, faire ses	662	Revel in
Délier la langue à	585	(Cause to) loosen one's tongue
Demander conseil à	128	Ask advice from
Demander des explications sur	669	Ask for an explanation of
Demander grâce à	442	Beg mercy from or compassion of
Demander l'hospitalité à	374	Ask hospitality from
Demander la permission à	19	Ask permission of
Demander pardon à	133	Beg one's pardon
Demander raison de	669	Demand satisfaction for
Démarches auprès de, faire des	237	Approach someone
Démêlés avec, avoir des	656	Have unpleasant dealings with
Démenti à, infliger un	562	Contradict
Demeure de, mettre en	553	Compel or summon a person to do something
Dent contre, avoir une	243	Bear a grudge against

FRENCH	FREQ.	ENGLISH
Dépendance de, être sous la	291	Be under domination of
Dernière main à, mettre la	490	Put on the finishing touches
Dessein de, avoir	676	Have the intention of
Desseins sur, avoir des	646	Have designs on
Deuil de, faire son	469	Submit to the loss of
Devoir de, croire de son	578	Think it one's duty to
Devoir de, se faire un	300	Make a point of
Devoirs à, rendre les derniers	612	Pay the last respects to
Devoirs à, rendre ses	667	Pay one's respects to
Dévolu sur, jeter son	529	Pick out
Diapason de, se mettre au	601	Put oneself on a level with
Difficulté à, éprouver de la	235	Experience difficulty in
Dire adieu à	189	Give up
Dire des injures à	501	Speak injuriously to
Dire du bien de	81	Speak well of
Dire du mal de	67	Speak ill of
Dire ses vérités à	459	Give a piece of one's mind to
Dire son fait à	650	Tell someone what one thinks of
Discrétion de, s'en remettre à la	528	To rely on
Disposé envers, être mal	398	Be ill disposed toward
Disposition de, être à la	72	Be at the disposal of
Disposition de, se mettre à la	111	Put oneself or be at the disposal of
Dispute à, chercher	329	Pick a quarrel with
Doigts de, être à deux	190	Be on the brink of
Doigts de, se mordre les	336	Repent of
Don de, faire	365	Make a present of
Donner accès à	280	Give access to
Donner audience à	451	Give an audience to
Donner avis à	648	Give notice to
Donner confiance à	205	Give confidence or self-assurance
Donner congé à	249	Dismiss

FRENCH	FREQ.	ENGLISH
Donner de la peine à	276	Give trouble to
Donner du jeu à	535	Give play to
Donner l'accolade à	549	Hug or kiss someone
Donner l'assaut à	460	Assault
Donner l'essor à	691	Give way to
Donner l'éveil à	534	Put on the alert
Donner la parole à	147	Give the floor to
Donner la préférence à	281	Give preference to
Donner le bonjour à	314	Say hello to
Donner le change à	513	Sidetrack
Donner le coup de grâce à	378	Give the death blow to
Donner le jour à	322	Give birth to
Donner le ton à	516	Set the fashion for
Donner les mains à	697	Take part in
Donner libre cours à	257	Give free reign to
Donner lieu à	339	Give rise to
Donner lieu de	686	Give reason to
Donner ordre de	419	Order someone to do something
Donner prise à	503	Give rise to
Donner rendez-vous à	15	Make an appointment with
Donner sa main à	640	Give one's hand in marriage
Donner sa parole à	206	Give one's word to
Donner ses huit jours à	386	Give someone notice
Donner ses suffrages à	429	Give support to or votes for
Donner son assentiment à	512	Give one's consent to or for
Donner son compte à	563	Remove from office
Donner suite à	379	Carry out
Donner tort à	170	Decide against
Donner un coup d'épaule à	575	Help someone succeed
Donner un coup de main à	39	Lend a helping hand to
Donner une gifle à	98	Slap the face of
Donner une leçon à	42	Teach a lesson to

FRENCH	FREQ.	ENGLISH
Dos à, tourner le	226	Turn one's back on
Doutes sur, avoir des	649	Have doubts about
Droit à, avoir	93	Have a right to
Droit de, avoir le	29	Be entitled to
Droits sur, avoir des	202	Have rights or privileges to or for
Dure à, rendre la vie	213	Make life difficult for

E

FRENCH	FREQ.	ENGLISH
Écart de, se tenir à l'	185	Keep away from
Écriture de, passer	696	Enter into the books
Effort de, faire l'	151	Make the effort to
Effort pour, faire	497	Make an effort to
Égal à égal avec, traiter d'	288	Treat as an equal
Égard à, avoir	680	Keep in mind
Embarras à, causer de l'	418	Cause trouble for
Emboîter le pas à	421	Follow in the footsteps of
Empêchement à, mettre	694	Put an obstacle in the way of
Empire de, être sous l'	636	Be under the influence of
En dire de belles sur	385	Say much that is strange or scandalous about
En être quitte pour	245	Escape with no further harm than
En faire voir de belles à	436	Give much trouble to
En passe de, être	580	Be on the way to
En quatre pour, se mettre	192	Do one's utmost for
En venir aux mains avec	193	Come to blows with
Encontre de, aller à l'	330	Run counter to
Entendre raison à, faire	301	Make someone listen to reason
Entrées chez, avoir ses	430	Have an in with
Entrer en collision avec	298	Collide with
Entrer en conversation avec	517	Strike up a conversation with
Entrer en pourparlers avec	416	Enter into negotiations with
Envie à, porter	685	Be envious of (someone)

FRENCH	FREQ.	ENGLISH
Envie de, avoir	6	Feel like
Envoi de, faire l'	485	Send out
Envoyer un mot	32	Drop a line to
Épouser la querelle de	683	Espouse the cause of
Épreuve de, être à l'	472	Be . . . proof (fire-, water-, etc.)
Éprouver de la difficulté à	235	Experience difficulty in
Esclave de, être	256	Be a slave to
Escorte à, faire	624	Escort
Essai de, faire l'	273	Try out
Essor à, donner l'	691	Give way to
Estime pour, avoir de l'	127	Hold in high esteem
Étalage de, faire	307	Show off
État de, être en	157	Be in a position to
État de, faire	434	Take into account
Être à bout de	129	Be at the end of
Être à charge à	521	Be a burden to or on
Être à cheval sur	427	Be a stickler for
Être à court de	90	Be lacking in
Être à deux doigts de	190	Be on the brink of
Être à l'abri de	106	Be sheltered from
Être à l'affût de	289	Be on the lookout for
Être à l'épreuve de	472	Be . . . proof (fire-, water-, etc.)
Être à la disposition de	72	Be at the disposal of
Être à la hauteur de	121	Be equal to
Être à la merci de	255	Be at the mercy of
Être à la portée de	91	Be within reach of
Être à la poursuite de	134	Be in pursuit of
Être à la recherche de	142	Be looking for
Être à la tête de	156	Be at the head of
Être à la veille de	250	Be on the eve of
Être à même de	296	Be able to
Être à mille lieues de	550	Be miles away from
Être à tu et à toi avec	675	Be on familiar terms with

FRENCH	FREQ.	ENGLISH
Être au courant de	4	Be up to date on
Être au-dessus de la portée de	638	Be beyond the understanding of
Être au fait de	593	Know how things stand
Être au mieux avec	274	Be on the best possible terms with
Être au niveau de	214	Be on a par with
Être au regret de	452	Be sorry about
Être au service de	52	Be in the service of
Être aux petits soins auprès de	331	Wait on hand and foot
Être aux prises avec	265	Struggle with
Être aux trousses de	438	Be on someone's heels
Être bien avec	77	Get along well with
Être bien dans les papiers de	432	Be in favor with
Être capable de	22	Be capable of
Être cause de	372	Be the cause of
Être d'accord avec	16	Agree with
Être d'âge à	380	Be old enough to
Être d'avis de	315	Be of the opinion to
Être d'intelligence avec	645	Be in collusion with
Être dans l'ignorance de	473	Be in the dark about
Être dans l'obligation de	108	Be obligated to
Être dans la nécessité de	404	Be in need of
Être dans les bonnes grâces de	333	Be in the good graces of
Être de bon ton de	453	Be considered to be good form to
Être de connivence avec	323	Connive with
Être de force à	507	Have the energy to
Être de l'avis de	107	Have or be of the same opinion as
Être de nature à	433	Be of a disposition or nature to
Être de niveau avec	668	Be on the same level with
Être de taille à	177	Be capable of

FRENCH	FREQ.	ENGLISH
Être du ressort de	353	Be the concern of
Être en bons termes avec	122	Get along with
Être en butte à	539	Be exposed to
Être en communication avec	258	Be in touch with
Être en contact avec	82	Be in contact with
Être en contestation avec	644	Be in disagreement with
Être en correspondance avec	387	Correspond with
Être en état de	157	Be in a position to
Être en faveur auprès de	671	Be in favor with (a person)
Être en froid avec	181	Give the cold shoulder to
Être en harmonie avec	519	Be in harmony with
Être en marche pour	401	Be marching toward
Être en mesure de	165	Be equal to
Être en négociations avec	359	Be in negotiations with
Être en passe de	580	Be on the way to
Être en peine de	652	Be worried about
Être en position de	573	Be able to
Être en possession de	116	Be in possession of
Être en proie à	439	Be prey to
Être en rapport avec	219	Be in touch with
Être en relations avec	176	Be in communication or contact with
Être en reste avec	582	Be indebted to
Être en situation de	600	Be in a position to
Être en train de	9	Be in the act of
Être en veine de	635	Be in a . . . mood (generous)
Être en voie de	431	Be on the way to
Être en vue de	292	Be within sight of
Être esclave de	256	Be a slave to
Être ferré sur	594	Be well up on
Être fondé à	642	Have grounds for
Être homme à	399	Be capable of
Être hors d'état de	180	Be out of order

FRENCH	FREQ.	ENGLISH
Être l'affaire de	236	Be the business of
Être l'âme damnée de	657	Be a mere tool in the hands of
Être la coqueluche de	622	Be the darling of
Être la proie de	508	Be the prey of
Être loin de	83	Be far from
Être maître de	400	Have the ability to
Être mal avec	282	Be on bad terms with
Être mal disposé envers	398	Be ill disposed toward
Être mal venu de	606	Be inappropriate
Être passé maître en	444	Be first rate at
Être pour beaucoup dans	290	Have a lot to do with
Être sous l'empire de	636	Be under the influence of
Être sous la coupe de	463	Be under the thumb of
Être sous la dépendance de	291	Be under domination of
Être sous les ordres de	115	Be under the orders of
Être sujet à	297	Be susceptible to
Être sûr de	7	Be sure of
Être sur la trace de	277	Be on the trail of
Être sur le point de	33	Be on the verge of
Être témoin de	73	Be a witness to
Éveil à, donner l'	534	Put on the alert
Éveiller la suspicion de	617	Arouse the suspicion of
Éveiller les soupçons de	259	Arouse the suspicion of
Excuses à, faire des	118	Apologize to
Exemple sur, prendre	178	Use as an example
Exercer un contrôle sur	306	Exercise control over
Expérience de, avoir l'	103	Have experience in
Explication avec, avoir une	120	Have a talk

F

Face à, faire	174	Face up to
Faculté de, avoir la	465	Have the ability to
Faible pour, avoir un	94	Have a liking for

FRENCH	FREQ.	ENGLISH
Faire abstraction de	402	Leave out of account
Faire abus de	551	Indulge in too freely
Faire affront à	559	Humiliate
Faire alliance avec	552	Side with
Faire allusion à	135	Make indirect reference to
Faire appel à	109	Call upon
Faire attention à	24	Be careful of
Faire baisser le ton à	294	Quiet down
Faire bien de	100	Do well to
Faire bon visage à	477	Look pleasantly at someone
Faire bonne mine à	498	Make the best of
Faire cadeau de	95	Offer as a gift
Faire cas de	354	Value
Faire cause commune avec	443	Be allies with
Faire comparaison de	677	Compare with
Faire confiance à	25	Trust
Faire connaissance avec	117	Make the acquaintance of
Faire corps avec	496	Be closely united with
Faire de la peine à	56	Grieve
Faire de, n'avoir que	382	Have no use for
Faire défaut à	599	Fall short in
Faire des concessions à	173	Make concessions to
Faire des démarches auprès de	237	Approach someone
Faire des excuses à	118	Apologize to
Faire des infidélités à	325	Be unfaithful to
Faire des menaces à	405	Make threats to
Faire des misères à	346	Tease unmercifully
Faire des politesses à	293	Be polite
Faire des recherches sur	70	Do research on
Faire don de	365	Make a present of
Faire du bien à	55	Help
Faire du mal à	44	Hurt
Faire du tort à	68	Do an injustice to

FRENCH	FREQ.	ENGLISH
Faire effort pour	497	Make an effort to
Faire entendre raison à	301	Make someone listen to reason
Faire escorte à	624	Escort
Faire étalage de	307	Show off
Faire état de	434	Take into account
Faire face à	174	Face up to
Faire fête à	520	Receive with open arms
Faire fi de	618	Turn up one's nose at
Faire figure de	341	Cut the figure of
Faire fonction de	345	Serve as
Faire front à	486	Face boldly
Faire grâce à	440	Grant pardon to
Faire grâce de	510	Spare from
Faire grand bruit de	586	Make much of
Faire grand cas de	488	Make much of
Faire grise mine à	574	Be displeased about
Faire hommage à	610	Do homage to
Faire honneur à	283	Do credit to
Faire honte à	152	Make someone ashamed
Faire illusion à	324	Deceive
Faire impression sur	199	Make an impression on
Faire insulte à	571	Insult
Faire irruption dans	241	Burst or rush into
Faire justice à	530	Do justice to
Faire l'affaire de	150	Suit one's purpose
Faire l'apologie de	581	Clear from a charge
Faire l'aumône de	495	Give something charitably
Faire l'effort de	151	Make the effort to
Faire l'envoi de	485	Send out
Faire l'essai de	273	Try out
Faire l'octroi de	666	Make a donation of
Faire l'orgueil de	437	Be the pride of
Faire la charité à	272	Give alms to

FRENCH	FREQ.	ENGLISH
Faire la connaissance de	46	Make the acquaintance of
Faire la conquête de	340	Win the heart of
Faire la cour à	246	Seek the favors of
Faire la grimace à	435	Make faces at
Faire la guerre à	162	Make war on
Faire la leçon à	284	Teach a lesson (to someone)
Faire la loi à	538	Lay down the law to
Faire la lumière sur	456	Clear up
Faire la mine à	690	Make a face at
Faire la morale à	110	Preach to
Faire la moue à	303	Pout at
Faire la paix avec	171	Make peace with
Faire la part de	264	Take into consideration
Faire la partie belle à	487	Make it easy for
Faire la révision de	412	Revise
Faire la revue de	515	Conduct an inspection of
Faire la sourde oreille à	230	Turn a deaf ear to
Faire la tête à	96	Pout
Faire le compte rendu de	130	Give an account of
Faire le jeu de	244	Play into the hands of
Faire le jour sur	543	Lay open
Faire le procès de	391	Attack
Faire le relevé de	556	Make a statement of
Faire le sacrifice de	531	Sacrifice to give to another
Faire le trafic de	194	Traffic in
Faire les avances à	316	Make advances at
Faire les gros yeux à	232	Show displeasure
Faire les honneurs de	464	Do the honors of
Faire les yeux doux à	231	Make eyes at
Faire main basse sur	302	Lay hands on
Faire mal à	123	Hurt
Faire mention de	467	Call attention to
Faire métier de	653	Make a profession of

FRENCH	FREQ.	ENGLISH
Faire miséricorde à	673	Be merciful to
Faire montre de	647	Make a show of
Faire mordre la poussière à	568	Cause that someone bite the dust
Faire mystère de	572	Be secretive about
Faire nargue à	700	Haughtily defy
Faire observer à	211	Call one's attention to
Faire offense à	598	Commit an affront
Faire office de	396	Act as
Faire ombrage à	629	Make someone angry
Faire outrage à	570	Offend against
Faire part de	163	Announce
Faire partie de	57	Be part of
Faire peine à	242	Be painful to
Faire peu de cas de	450	Pay little attention to
Faire peur à	41	Scare
Faire pitié à	74	Arouse pity toward
Faire place à	191	Give way to
Faire plaisir à	5	Please someone
Faire poser le masque à	692	Expose in its true character
Faire présent de	514	Make a present of
Faire preuve de	79	Give proof of
Faire provision de	168	Lay in a stock or supply of
Faire route avec	468	Travel with
Faire sa soumission à	651	Yield to
Faire savoir à	124	Let know
Faire semblant de	17	Act like
Faire sentir à	101	Cause to feel
Faire ses amitiés à	299	Give one's greeting to
Faire ses confidences à	92	Confide in
Faire ses délices de	662	Revel in
Faire ses félicitations à	590	Wish someone well
Faire ses remerciements pour	544	Give thanks for

FRENCH	FREQ.	ENGLISH
Faire signe à	37	Signal
Faire son affaire de	545	Take charge of
Faire son deuil de	469	Submit to the loss of
Faire son profit de	392	Profit by
Faire suite à	540	Follow up on
Faire table rase de	410	Get rid of
Faire tache sur	448	Stand out against
Faire un accroc à	239	Make a tear
Faire un affront à	332	Slight
Faire un brin de conduite à	609	Accompany someone a ways
Faire un mauvais parti à	566	Treat harshly
Faire un pont d'or à	615	Make an attractive (monetary) offer to
Faire un procès à	161	Sue
Faire un sort à	384	Provide for someone
Faire une croix sur	509	Give up forever
Faire une farce à	53	Play a joke on
Faire une ovation à	458	Acclaim
Faire une rente à	557	Allow a pension to
Faire une scène à	80	Make a scene
Faire usage de	207	Take (into the body)
Faire violence à	499	Do violence to
Fait de, être au	593	Know how things stand
Fait de, mettre au	602	Bring up to date on
Familiarités avec, se permettre des	270	Take liberties with
Farce à, faire une	53	Play a joke on
Fausser compagnie à	153	Slip away from
Faveur auprès de, être en	671	Be in favor with (a person)
Faveur auprès de, trouver	672	Find favor with
Félicitations à, faire ses	590	Wish someone well
Ferme à, parler	470	Speak firmly to
Fermer la bouche à	364	Silence
Fermer la porte au nez de	136	Slam the door on

FRENCH	FREQ.	ENGLISH
Fermer les yeux sur	143	Close one's eyes to
Ferré sur, être	594	Be well up on
Fête à, faire	520	Receive with open arms
Fête de, se faire une	489	Be delighted to
Feu pour, prendre	663	Be inclined to give support to
Fi de, faire	618	Turn up one's nose at
Figure de, faire	341	Cut the figure of
Fin à, mettre	87	Put an end to
Fixer son attention sur	220	Focus one's attention on
Fleurette à, conter	596	Flirt with
Foi à, ajouter	664	Give credit to
Foi en, avoir	447	Have faith in
Fonction de, faire	345	Serve as
Fondé à, être	642	Have grounds for
Force à, être de	507	Have the energy to
Forcer la main à	131	Force someone's hand
Fort de, se faire	522	Undertake to
Frais pour, se mettre en	357	Go to the expense of or to
Franchir le seuil de	536	Cross the threshold of or into
Franchir les bornes de	506	Exceed the limits of
Franchise de, avoir la	113	Have the openness to
Frein à, mettre un	375	Put a stop to
Froid avec, être en	181	Give the cold shoulder to
Front à, faire	486	Face boldly
Front de, avoir le	623	Have the impudence to
Frotter les oreilles à	597	Box someone's ears
Fruits de, recueillir les	500	Reap the rewards of

G

Gants pour, mettre des	369	Handle with kid gloves
Garant de, se porter	240	Be security for
Garde à, prendre	140	Watch out for
Garde contre, mettre en	208	Warn against

FRENCH	FREQ.	ENGLISH
Garde de, avoir	682	Take care to
Garde de, avoir la	196	Be in charge of
Garder le silence sur	263	Keep silent about
Garder rancune à	389	Bear a grudge against
Gifle à, donner une	98	Slap the face of
Gloire à, mettre sa	654	Glory in
Gloire de, tirer	561	Glory in
Goût à, prendre	217	Take a liking to
Goût pour, avoir du	260	Have a taste for
Grâce à, demander	442	Beg mercy from or compassion of
Grâce à, faire	440	Grant pardon to
Grâce auprés de, rentrer en	637	Be forgiven by
Grâce de, faire	510	Spare from
Grâces à, rendre	560	Be thankful to
Grâces de, être dans les bonnes	333	Be in the good graces of
Grand bruit de, faire	586	Make much of
Gré de, savoir	579	Be grateful to a person for
Grimace à, faire la	435	Make faces at
Grise mine à, faire	574	Be displeased about
Guerre à, faire la	162	Make war on

H

Habitude de, avoir l'	3	Be in the habit of
Habitude de, avoir pour	383	Be in the habit of
Habitude de, prendre l'	38	Get into the habit of
Haine à, porter de la	670	Feel hatred towards
Hardiesse de, avoir la	628	Have the audacity to
Harmonie avec, être en	519	Be in harmony with
Hâte de, avoir	104	Be in a hurry to
Hauteur de, être à la	121	Be equal to
Herbe sous le pied de, couper l'	422	Cut the grass from under someone's feet

FRENCH	FREQ.	ENGLISH
Histoires avec, avoir des	58	Have trouble with
Holà à, mettre le	478	Put a stop to
Hommage à, faire	610	Do homage to
Hommage à, rendre	295	Render homage to
Hommages à, présenter ses	310	Pay one's respects to
Homme à, être	399	Be capable of
Honneur à, faire	283	Do credit to
Honneur à, rendre	641	Pay a compliment to
Honneur de, avoir l'	595	Have the honor of
Honneur de, se faire un	441	Be proud to
Honneurs à, rendre les derniers	446	Pay the last honors to
Honneurs de, faire les	464	Do the honors of
Honte à, faire	152	Make someone ashamed
Honte de, avoir	203	Be ashamed of
Horreur de, avoir	27	Feel an aversion toward
Hospitalité à, demander l'	374	Ask hospitality from
Hospitalité à, offrir l'	209	Offer hosipitality to
Huit jours à, donner ses	386	Give someone notice

I

Idée de, se faire une	66	Imagine
Ignorance de, être dans l'	473	Be in the dark about
Illusion à, faire	324	Deceive
Importance à, attacher de l'	21	Attach importance to
Imposer le respect à	317	Command respect of or from
Imposer silence à	311	Silence someone
Impression sur, faire	199	Make an impression on
Inclination pour, avoir de l'	687	Have a liking for
Infidélités à, faire des	325	Be unfaithful to
Infliger un démenti à	562	Contradict
Influence sur, avoir de l'	40	Have an influence on
Injures à, dire des	501	Speak injuriously to
Insulte à, faire	571	Insult

FRENCH	FREQ.	ENGLISH
Insultes à, adresser des	630	Insult someone
Intelligence avec, être d'	645	Be in collusion with
Intelligence de, avoir l'	247	Have the intelligence to
Intelligences avec, avoir des	689	Have (secret) dealings with
Intention de, avoir l'	14	Intend to
Intérêt à, avoir	84	Be to one's advantage
Intérêt à, prendre	425	Take an interest in
Irruption dans, faire	241	Burst or rush into

J

Jeter la pierre à	360	Lay the blame on
Jeter les yeux sur	504	Select someone (for a post)
Jeter son dévolu sur	529	Pick out
Jeter un coup d'oeil sur	60	Take a quick look
Jeter un sort sur	461	Cast a spell on
Jeu à, donner du	535	Give play to
Jeu de, faire le	244	Play into the hands of
Jeu de, se faire un	542	Make sport of
Jouer un mauvais tour à	166	Play a dirty trick on
Jour à, donner le	322	Give birth to
Jour sur, faire le	543	Lay open
Jugement sur, porter un	215	Make a judgment on
Jurer la perte de	462	Swear the downfall of
Justice à, faire	530	Do justice to
Justice à, rendre	275	Render justice toward

L

Laisser maître de	474	Leave free to
Langue à, délier la	585	(Cause to) loosen one's tongue
Langue de, se mordre la	564	Hold one's tongue
Leçon à, donner une	42	Teach a lesson to
Leçon à, faire la	284	Teach a lesson (to someone)
Lever la main sur	309	Raise one's hand against

FRENCH	FREQ.	ENGLISH
Liaison avec, avoir une	267	Have an affair with
Libre cours à, donner	257	Give free reign to
Lier conversation avec	356	Strike up a conversation with
Lier les mains à	511	Tie the hands of
Lier partie avec	659	Take sides with
Lieu à, donner	339	Give rise to
Lieu de, donner	686	Give reason to
Lieu de, tenir	366	Take the place of
Livraison de, prendre	505	Take delivery on
Livrer passage à	426	Allow to pass
Loi à, faire la	538	Lay down the law to
Loin de, être	83	Be far from
Louanges de, chanter les	533	Sing the praises of
Lumière sur, faire la	456	Clear up

M

FRENCH	FREQ.	ENGLISH
Mâcher la besogne à	445	Facilitate the task for
Maille à partir avec, avoir	619	Have a dispute with
Main à, donner sa	640	Give one's hand in marriage
Main à, forcer la	131	Force someone's hand
Main à, mettre la	175	Put one's shoulder to the wheel
Main à, passer la	525	Stand aside
Main à, prêter la	627	Lend someone a hand
Main à, tendre la	198	Give a helping hand to
Main basse sur, faire	302	Lay hands on
Main forte à, prêter	351	Lend a helping hand to
Main sur, lever la	309	Raise one's hand against
Main sur, mettre la	125	Pick up
Main sur, porter la	377	Lay a hand on
Mains à, donner les	697	Take part in
Mains de, se laver les	308	Wash one's hands of
Mains de, tomber dans les	160	Fall into the hands of

FRENCH	FREQ.	ENGLISH
Maître de, être	400	Have the ability to
Maître de, laisser	474	Leave free to
Maître en, être passé	444	Be first rate at
Mal à, avoir	1	Have an ache
Mal à, avoir du	28	Have trouble with
Mal à, faire	123	Hurt
Mal à, faire du	44	Hurt
Mal avec, être	282	Be on bad terms with
Mal avec, se mettre	491	Have a falling out with
Mal de, dire du	67	Speak ill of
Mal venu de, être	606	Be inappropriate
Malheur à, porter	54	Bring bad luck to
Manie de, avoir la	59	Have a mania for
Manquer de respect envers	233	Lack respect for
Marche pour, être en	401	Be marching toward
Marcher sur les pas de	407	Follow in the footsteps of
Masque à, arracher le	661	Unmask a person
Masque à, faire poser le	692	Expose in its true character
Mauvais tour à, jouer un	166	Play a dirty trick on
Même de, être à	296	Be able to
Mémoire à, rafraîchir la	204	Refresh someone's memory
Mémoire à, remettre en	523	Remind someone about
Menaces à, faire des	405	Make threats to
Ménager une surprise à	403	Prepare a surprise for someone
Mention de, faire	467	Call attention to
Mépris pour, avoir du	268	Have contempt for
Merci de, être à la	255	Be at the mercy of
Mesure de, être en	165	Be equal to
Mesure de, prendre	455	Take measure of
Métier de, faire	653	Make a profession of
Mettre à même de	576	Supply adequate means to
Mettre au courant de	69	Bring up to date on

FRENCH	FREQ.	ENGLISH
Mettre au défi de	368	Challenge to
Mettre au fait de	602	Bring up to date on
Mettre bon ordre à	492	Put things right
Mettre de la mauvaise volonté à	138	Show ill will toward
Mettre des gants pour	369	Handle with kid gloves
Mettre empêchement à	694	Put an obstacle in the way of
Mettre en demeure de	553	Compel or summon a person to do something
Mettre en garde contre	208	Warn against
Mettre fin à	87	Put an end to
Mettre la dernière main à	490	Put on the finishing touches
Mettre la main à	175	Put one's shoulder to the wheel
Mettre la main sur	125	Pick up
Mettre le holà à	478	Put a stop to
Mettre le nez dans	229	Interfere in
Mettre obstacle à	613	Put an obstacle in the way
Mettre opposition à	588	Oppose
Mettre sa gloire à	654	Glory in
Mettre son veto à	479	Say no to
Mettre sur le compte de	335	Lay the blame on
Mettre un frein à	375	Put a stop to
Mettre un terme à	252	Put an end to
Mille lieues de, être à	550	Be miles away from
Mine à, faire la	690	Make a face at
Mine de, avoir la	625	Look like
Misères à, faire des	346	Tease unmercifully
Miséricorde à, faire	673	Be merciful to
Mission de, avoir	674	Be commissioned to
Modèle sur, prendre	287	Look to as a model
Montre de, faire	647	Make a show of
Montrer le poing à	420	Shake one's fist at
Moral à, remonter le	89	Lift the spirits of
Morale à, faire la	110	Preach to

FRENCH	FREQ.	ENGLISH
Mot de, ne pas souffler	361	Not breathe a word of
Mot de, toucher un	591	Touch on
Mot, envoyer un	32	Drop a line to
Moue à, faire la	303	Pout at
Moyen de, trouver	262	Find a way or means to
Moyens de, avoir les	85	Have the means to
Mystère de, faire	572	Be secretive about

N

N'avoir cure de	679	Not care about
N'avoir d'yeux que pour	251	Only have eyes for
N'avoir que faire de	382	Have no use for
N'être pour rien dans	8	Have nothing to do with
Nargue à, faire	700	Haughtily defy
Nature à, être de	433	Be of a disposition or nature to
Ne pas demander son reste	390	Have had enough of it
Ne pas souffler mot de	361	Not breathe a word of
Nécessité de, être dans la	404	Be in need of
Négociations avec, être en	359	Be in negotiations with
Nez dans, mettre le	229	Interfere in
Niveau avec, être de	668	Be on the same level with
Niveau de, être au	214	Be on a par with
Noise à, chercher	616	Try to start a quarrel with
Note de, prendre	154	Take note

O

Obligation de, être dans l'	108	Be obligated to
Obligations envers, avoir des	221	Be obligated to
Obligeance de, avoir l'	483	Be so kind as to
Observer à, faire	211	Call one's attention to
Obstacle à, mettre	613	Put an obstacle in the way
Obtenir communication de	603	Find out about
Occasion de, avoir l'	35	Have the chance to

FRENCH	FREQ.	ENGLISH
Octroi de, faire l'	666	Make a donation of
Oeil à, cligner de l'	395	Wink at
Oeil sur, avoir l'	626	Keep an eye on
Offense à, faire	598	Commit an affront
Office de, faire	396	Act as
Offrir l'hospitalité à	209	Offer hospitality to
Offrir son concours à	415	Offer assistance to
Ombrage à, faire	629	Make someone angry
Ombrage à, porter	414	Cast a shadow on
Ombrage de, prendre	592	Take offense at
Opinion de, avoir bonne	318	Have a good opinion of
Opposer résistance à	480	Put up resistance to
Opposition à, mettre	588	Oppose
Ordre à, mettre bon	492	Put things right
Ordre de, donner	419	Order someone to do something
Ordres de, être sous les	115	Be under the orders of
Oreille à, ouvrir l'	631	Lend an ear
Oreille à, prêter l'	271	Give credence to
Oreilles à, frotter les	597	Box someone's ears
Orgueil de, faire l'	437	Be the pride of
Origine de, tirer son	555	Take its origin from
Outrage à, faire	570	Offend against
Ouvrir l'oreille à	631	Lend an ear
Ouvrir la voie à	349	Open the way to
Ouvrir les yeux sur	285	Open one's eyes to
Ovation à, faire une	458	Acclaim

P

FRENCH	FREQ.	ENGLISH
Paix avec, faire la	171	Make peace with
Papiers de, être bien dans les	432	Be in favor with
Pardon à, demander	133	Beg one's pardon
Parler bas à	145	Speak softly to

FRENCH	FREQ.	ENGLISH
Parler ferme à	470	Speak firmly to
Parole à, adresser la	71	Speak to
Parole à, céder la	224	Turn the floor over to
Parole à, couper la	64	Interrupt
Parole à, donner la	147	Give the floor to
Parole à, donner sa	206	Give one's word to
Part à, avoir	634	Have a share in
Part à, prendre	61	Take part in
Part de, faire	163	Announce
Part de, faire la	264	Take into consideration
Parti à, faire un mauvais	566	Treat harshly
Parti contre, prendre	234	Take sides against
Parti de, prendre l'	212	Decide
Parti de, prendre son	347	Resign oneself to
Parti de, tirer	362	Make good use of
Partie avec, lier	659	Take sides with
Partie belle à, faire la	487	Make it easy for
Partie de, faire	57	Be part of
Pas de, marcher sur les	407	Follow in the footsteps of
Pas sur, avoir le	658	Have precedence over
Passage à, livrer	426	Allow to pass
Passer écriture de	696	Enter into the books
Passer la main à	525	Stand aside
Passer par la tête de	541	Be over someone's head
Peine à, avoir de la	105	Have trouble
Peine à, donner de la	276	Give trouble to
Peine à, faire	242	Be painful to
Peine à, faire de la	56	Grieve
Peine de, être en	652	Be worried about
Peine pour, se donner de la	169	Take the trouble to
Peines à, conter ses	584	Tell one's troubles to
Penchant pour, avoir du	423	Be fond of
Penser du bien de	632	Think highly of

FRENCH	FREQ.	ENGLISH
Perche à, tendre la	304	Hold out a hand to
Perdre la tête pour	182	Lose one's head over
Perdre toute trace de	343	Lose all track of
Permission à, demander la	19	Ask permission of
Perte de, jurer la	462	Swear the downfall of
Peur à, faire	41	Scare
Peur de, avoir	11	Be afraid
Peur pour, avoir	363	Be afraid for
Pied à, couper l'herbe sous le	422	Cut the grass from under someone's feet
Pieds à, casser les	31	Get on one's nerves
Pierre à, jeter la	360	Lay the blame on
Piquer la curiosité de	577	Arouse curiosity about
Pitié à, faire	74	Arouse pity toward
Pitié de, avoir	36	Feel sorry for
Place à, céder la	88	Give one's seat to
Place à, faire	191	Give way to
Place de, prendre la	62	Take the place of
Place de, se mettre à la	48	Put oneself in the place of
Plainte contre, porter	65	Make a complaint about
Plaisir à, faire	5	Please someone
Plaisir à, prendre	216	Take pleasure in
Plaisir à, trouver son	358	Find pleasure in
Plaisir de, avoir le	312	Be happy to
Plaisir de, se faire un	200	Take pleasure in
Pli de, prendre le	428	Get into the routine of
Plier sous l'autorité de	639	Bend under the authority of
Poing à, montrer le	420	Shake one's fist at
Point de, être sur le	33	Be on the verge of
Politesses à, faire des	293	Be polite
Pont d'or à, faire un	615	Make an attractive (monetary) offer to
Porte au nez de, fermer la	136	Slam the door on
Portée de, être à la	91	Be within reach of

FRENCH	FREQ.	ENGLISH
Portée de, être au-dessus de la	638	Be beyond the understanding of
Portée de, se mettre à la	144	Put oneself within reach of
Porter amitié à	681	Give friendship to
Porter atteinte à	376	Cast a shadow on
Porter de la haine à	670	Feel hatred towards
Porter envie à	685	Be envious of (someone)
Porter la main sur	377	Lay a hand on
Porter les regards sur	481	Look upon
Porter malheur à	54	Bring bad luck to
Porter ombrage à	414	Cast a shadow on
Porter plainte contre	65	Make a complaint about
Porter préjudice à	286	Do injury to
Porter remède à	546	Remedy
Porter secours à	139	Bring help to
Porter un jugement sur	215	Make a judgment on
Porter une accusation contre	370	Make an accusation against
Poser une question à	20	Ask a question
Possession de, être en	116	Be in possession of
Possession de, prendre	253	Take possession of
Pour rien dans, n'être	8	Have nothing to do with
Pourparlers avec, entrer en	416	Enter into negotiations with
Poursuite de, être à la	134	Be in pursuit of
Poussière à, faire mordre la	568	Cause that someone bite the dust
Pouvoir de, tomber au	417	Fall into the hands of
Préférence à, donner la	281	Give preference to
Préjudice à, causer un grand	409	Inflict injury on
Préjudice à, porter	286	Do injury to
Prendre à tâche de	688	Undertake to
Prendre acte de	482	Make a note of
Prendre avantage de	502	Take advantage of
Prendre avis de	547	Consider the opinion of
Prendre communication de	569	Obtain information about

FRENCH	FREQ.	ENGLISH
Prendre congé de	195	Take leave of
Prendre connaissance de	223	Inquire into
Prendre conscience de	210	Become aware
Prendre conseil de	466	Consult
Prendre contact avec	149	Get in touch with
Prendre copie de	449	Make a copy of
Prendre de l'avance sur	604	Get a head start on
Prendre des renseignements sur	112	Obtain information on or about
Prendre exemple sur	178	Use as an example
Prendre fait et cause pour	454	Be all for
Prendre feu pour	663	Be inclined to give support to
Prendre garde à	140	Watch out for
Prendre goût à	217	Take a liking to
Prendre intérêt à	425	Take an interest in
Prendre l'habitude de	38	Get into the habit of
Prendre la décision de	75	Make a decision to
Prendre la place de	62	Take the place of
Prendre le chemin de	222	Set out for
Prendre le contre de	471	Take the opposite view from
Prendre le parti de	212	Decide
Prendre le pli de	428	Get into the routine of
Prendre livraison de	505	Take delivery on
Prendre mesure de	455	Take measure of
Prendre modèle sur	287	Look to as a model
Prendre note de	154	Take note
Prendre ombrage de	592	Take offense at
Prendre part à	61	Take part in
Prendre parti contre	234	Take sides against
Prendre plaisir à	216	Take pleasure in
Prendre possession de	253	Take possession of
Prendre prétexte de	388	Make a pretext of
Prendre rendez-vous avec	126	Make a date with

FRENCH	FREQ.	ENGLISH
Prendre sa source dans	527	Originate from
Prendre soin de	49	Take care of
Prendre son parti de	347	Resign oneself to
Présence d'esprit de, avoir la	158	Have the presence of mind to
Présent de, faire	514	Make a present of
Présenter ses hommages à	310	Pay one's respects to
Présenter ses respects à	337	Pay one's respects to
Prétention de, avoir la	97	Pretend to
Prétentions sur, avoir des	484	Have aspirations for
Prêter assistance à	371	Lend a hand
Prêter l'oreille à	271	Give credence to
Prêter la main à	627	Lend someone a hand
Prêter main-forte à	351	Lend a helping hand to
Prêter sa voix à	620	Speak for
Prêter son concours à	350	Come to the aid of
Prétexte de, prendre	388	Make a pretext of
Preuve de, faire	79	Give proof of
Primeur de, avoir la	665	Be the first to . . . something (do)
Prise à, donner	503	Give rise to
Prise sur, avoir	565	Have a hold on
Prises avec, être aux	265	Struggle with
Privilège de, avoir le	393	Have the privilege to
Prix à, attacher du	313	Set a high value on
Procès à, faire un	161	Sue
Procès de, faire le	391	Attack
Profit de, faire son	392	Profit by
Profit de, tirer	187	Profit from
Proie à, être en	439	Be prey to
Proie de, être la	508	Be the prey of
Provision de, faire	168	Lay in a stock or supply of
Prudence de, avoir la	278	Be careful to

FRENCH	FREQ.	ENGLISH

Q

Querelle à, chercher	493	Try to pick a quarrel with
Querelle avec, se prendre de	611	Pick a quarrel with
Querelle de, épouser la	683	Espouse the cause of
Question à, poser une	20	Ask a question
Quête de, se mettre en	342	Go in search of
Quitte de, tenir	567	Release from
Quitte pour, en être	245	Escape with no further harm than

R

Rabattre le caquet de	532	Reduce to silence
Rafraîchir la mémoire à	204	Refresh someone's memory
Rage de, avoir la	548	Have a passion for
Raison à, faire entendre	301	Make someone listen to reason
Raison de, avoir	50	Be right about
Raison de, demander	669	Demand satisfaction for
Raison de, rendre	693	Give an account of
Rancune à, garder	389	Bear a grudge against
Rapport à, avoir	413	Have to do with
Rapport avec, être en	219	Be in touch with
Rapport avec, se mettre en	183	Get in touch with
Réception de, accuser	344	Acknowledge receipt of
Recherches sur, faire des	70	Do research on
Recours à, avoir	225	Have recourse to
Recueillir les fruits de	500	Reap the rewards of
Redire à, trouver à	227	Be dissatisfied with
Regards sur, porter les	481	Look upon
Régler son compte à	167	Get even with
Regret de, être au	452	Be sorry about
Relations avec, être en	176	Be in communication or contact with

FRENCH	FREQ.	ENGLISH
Relevé de, faire le	556	Make a statement of
Religion de, se faire une	684	Make a religion of
Remède à, porter	546	Remedy
Remerciements pour, faire ses	544	Give thanks for
Remettre en mémoire à	523	Remind someone about
Remonter le moral à	89	Lift the spirits of
Remporter la victoire sur	254	Win victory over
Rencontre de, aller à la	51	Go to meet
Rendez-vous à, donner	15	Make an appointment with
Rendez-vous avec, prendre	126	Make a date with
Rendre compte de	179	Make an accounting of
Rendre grâces à	560	Be thankful to
Rendre hommage à	295	Render homage to
Rendre honneur à	641	Pay a compliment to
Rendre justice à	275	Render justice toward
Rendre la vie à	348	Save someone's life
Rendre la vie dure à	213	Make life difficult for
Rendre les derniers devoirs à	612	Pay the last respects to
Rendre les derniers honneurs à	446	Pay the last honors to
Rendre raison de	693	Give an account of
Rendre service à	10	Do a favor for
Rendre ses devoirs à	667	Pay one's respects to
Rendre visite à	18	Pay a visit
Renseignements sur, prendre des	112	Obtain information on or about
Rente à, faire une	557	Allow a pension to
Rentrer en grâce auprès de	637	Be forgiven by
Renvoyer la balle à	373	Reply to
Répugnance pour, avoir de la	394	Have a dislike for
Résistance à, opposer	480	Put up resistance to
Respect à, imposer le	317	Command respect of or from
Respect envers, manquer de	233	Lack respect for
Respect pour, avoir du	188	Have respect for

FRENCH	FREQ.	ENGLISH
Respects à, présenter ses	337	Pay one's respects to
Ressort de, être du	353	Be the concern of
Reste avec, être en	582	Be indebted to
Reste, ne pas demander son	390	Have had enough of it
Révision de, faire la	412	Revise
Revue de, faire la	515	Conduct an inspection of
Rigueur à, tenir	397	Refuse to relent towards
Rigueur envers, user de	678	Be severe with
Risque de, courir le	197	Run the risk of
Risque de, supprimer le	326	Eliminate the risk of
Rompre tout commerce avec	554	Break off all dealings with
Route à, barrer la	137	Block the way of
Route avec, faire	468	Travel with

S

FRENCH	FREQ.	ENGLISH
S'en remettre à la discrétion	528	Rely on
S'entendre bien avec	43	Get along well with
Sacrifice de, faire le	531	Sacrifice to give to another
Saisir le sens de	184	Grasp the meaning of
Sang à, boire le	699	Torture or torment
Satisfaction de, tirer	408	Find satisfaction in
Sauver la vie à	119	Save the life of
Savoir à, faire	124	Let know
Savoir gré de	579	Be grateful to a person for
Scène à, faire une	80	Make a scene
Scrupule à, avoir	494	Hesitate to
Se casser la tête sur	248	Work desperately hard at
Se donner de la peine pour	169	Take the trouble to
Se faire fort de	522	Undertake to
Se faire un devoir de	300	Make a point of
Se faire un honneur de	441	Be proud to
Se faire un jeu de	542	Make sport of
Se faire un plaisir de	200	Take pleasure in

FRENCH	FREQ.	ENGLISH
Se faire une fête de	489	Be delighted to
Se faire une idée de	66	Imagine
Se faire une religion de	684	Make a religion of
Se laisser aller à	146	Abandon oneself to
Se laver les mains de	308	Wash one's hands of
Se lier d'amitié avec	355	Make friends with
Se mettre à l'abri de	228	Take shelter from
Se mettre à la disposition de	111	Put oneself or be at the disposal of
Se mettre à la place de	48	Put oneself in the place of
Se mettre à la portée de	144	Put oneself within reach of
Se mettre au courant de	47	Bring oneself up to date on
Se mettre au diapason de	601	Put oneself on a level with
Se mettre bien avec	269	Get along well with
Se mettre d'accord avec	86	Come to an agreement with
Se mettre en communication avec	334	Get in touch with
Se mettre en frais pour	357	Go to the expense of or to
Se mettre en quatre pour	192	Do one's utmost for
Se mettre en quête de	342	Go in search of
Se mettre en rapport avec	183	Get in touch with
Se mettre en tête de	159	Take it into one's head to
Se mettre mal avec	491	Have a falling out with
Se mordre la langue de	564	Hold one's tongue
Se mordre les doigts de	336	Repent of
Se payer la tête de	148	Make fun of
Se permettre des familiarités avec	270	Take liberties with
Se porter caution pour	633	Go bail for someone
Se porter garant de	240	Be security for
Se prendre d'amitié avec	526	Make friends with
Se prendre de bec avec	655	Get into an argument with
Se prendre de querelle avec	611	Pick a quarrel with
Se rendre compte de	23	Realize
Se tenir à l'écart de	185	Keep away from

FRENCH	FREQ.	ENGLISH
Se trouver dans le cas de	406	Find oneself in a position to
Secours à, porter	139	Bring help to
Secours de, aller au	30	Go to the aid of
Secret à, confier un	114	Tell a secret to
Semblant de, faire	17	Act like
Sens de, abonder dans le	589	Be entirely of the same opinion as
Sens de, saisir le	184	Grasp the meaning of
Sentir à, faire	101	Cause to feel
Service à, rendre	10	Do a favor for
Service de, être au	52	Be in the service of
Seuil de, franchir le	536	Cross the threshold of or into
Signe à, faire	37	Signal
Silence à, imposer	311	Silence someone
Silence sur, garder le	263	Keep silent about
Situation de, être en	600	Be in a position to
Soin de, avoir	367	Take care to
Soin de, prendre	49	Take care of
Soins auprès de, être aux petits	331	Wait on hand and foot
Sort à, faire un	384	Provide for someone
Sort sur, jeter un	461	Cast a spell on
Soumission à, faire sa	651	Yield to
Soupçons de, éveiller les	259	Arouse the suspicion of
Source dans, prendre sa	527	Originate from
Source de, tirer sa	608	Originate from
Sourde oreille à, faire la	230	Turn a deaf ear to
Suffrages à, donner ses	429	Give support to or votes for
Suite à, donner	379	Carry out
Suite à, faire	540	Follow up on
Suivre les traces de	218	Follow in the footsteps of
Sujet à, être	297	Be susceptible to
Supprimer le risque de	326	Eliminate the risk of
Sûr de, être	7	Be sure of

FRENCH	FREQ.	ENGLISH
Surprise à, ménager une	403	Prepare a surprise for someone
Suspicion de, éveiller la	617	Arouse the suspicion of

T

FRENCH	FREQ.	ENGLISH
Table rase de, faire	410	Get rid of
Tâche de, prendre à	688	Undertake to
Tache sur, faire	448	Stand out against
Taille à, être de	177	Be capable of
Taper sur le ventre à	660	Slander
Taper sur les nerfs à	155	Get on the nerves of
Témoin de, être	73	Be a witness to
Tendance à, avoir	78	Have a tendency to
Tendre la main à	198	Give a helping hand to
Tendre la perche à	304	Hold out a hand to
Tendre un piège à	141	Set a trap for
Tenir compagnie à	76	Keep company with
Tenir compte de	45	Take into account
Tenir la bride haute à	643	Keep a tight rein on
Tenir lieu de	366	Take the place of
Tenir quitte de	567	Release from
Tenir rigueur à	397	Refuse to relent towards
Tenir tête à	186	Hold one's own against
Terme à, mettre un	252	Put an end to
Terme de, arriver au	305	Come to the end of
Termes avec, être en bons	122	Get along with
Tête à, faire la	96	Pout
Tête à, tenir	186	Hold one's own against
Tête à, tourner la	172	Turn the head of
Tête de, être à la	156	Be at the head of
Tête de, passer par la	541	Be over someone's head
Tête de, se mettre en	159	Take it into one's head to
Tête de, se payer la	148	Make fun of

FRENCH	FREQ.	ENGLISH
Tête pour, perdre la	182	Lose one's head over
Tête sur, se casser la	248	Work desperately hard at
Tirer gloire de	561	Glory in
Tirer parti de	362	Make good use of
Tirer profit de	187	Profit from
Tirer sa source de	608	Originate from
Tirer satisfaction de	408	Find satisfaction in
Tirer son origine de	555	Take its origin from
Tirer vanité de	621	Take pride in
Tirer vengeance de	614	Avenge someone for
Tomber amoureux de	63	Fall in love with
Tomber au pouvoir de	417	Fall into the hands of
Tomber d'accord sur	238	Come to agreement
Tomber dans les mains de	160	Fall into the hands of
Ton à, donner le	516	Set the fashion for
Ton à, faire baisser le	294	Quiet down
Tort à, donner	170	Decide against
Tort à, faire du	68	Do an injustice to
Torts envers, avoir des	319	Behave badly towards
Toucher un mot de	591	Touch on
Tour à, jouer un mauvais	166	Play a dirty trick on
Tourner la tête à	172	Turn the head of
Tourner le dos à	226	Turn one's back on
Trace de, être sur la	277	Be on the trail of
Trace de, perdre toute	343	Lose all track of
Traces de, suivre les	218	Follow in the footsteps of
Trafic de, faire le	194	Traffic in
Train de, être en	9	Be in the act of
Trait à, avoir	424	Relate to
Traiter d'égal à égal avec	288	Treat as an equal
Tromper la confiance de	411	Betray someone's trust or confidence
Trousses de, être aux	438	Be on someone's heels

FRENCH	FREQ.	ENGLISH
Trouver à redire à	227	Be dissatisfied with
Trouver faveur auprès de	672	Find favor with
Trouver moyen de	262	Find a way or means to
Trouver son compte à	558	Get something out of
Trouver son plaisir à	358	Find pleasure in
Tu et à toi avec, être à	675	Be on familiar terms with
Tympan à, briser le	605	Break one's eardrums

U

Usage de, avoir l'	583	Be able to use
Usage de, faire	207	Take (into the body)
User de rigueur envers	678	Be severe with

V

Valeur à, attacher de la	164	Place worth on
Vanité de, tirer	621	Take pride in
Veille de, être à la	250	Be on the eve of
Veine de . . ., être en	635	Be in a . . . mood
Vengeance de, tirer	614	Avenge someone for
Venir à bout de	201	Come to the end or close of
Venir en aide à	99	Come to the aid of
Vent de, avoir	537	Get wind of
Ventre à, taper sur le	660	Slander
Vérités à, dire ses	459	Give a piece of one's mind to
Veto à, mettre son	479	Say no to
Victoire sur, remporter la	254	Win victory over
Vie à, rendre la	348	Save someone's life
Vie à, sauver la	119	Save the life of
Vie dure à, rendre la	213	Make life difficult for
Violence à, faire	499	Do violence to
Visage à, faire bon	477	Look pleasantly at someone
Visite à, rendre	18	Pay a visit
Vivres à, couper les	261	Cut off the support of

FRENCH	FREQ.	ENGLISH
Voie à, ouvrir la	349	Open the way to
Voie de, être en	431	Be on the way to
Voix à, prêter sa	620	Speak for
Volonté à, mettre de la mauvaise	138	Show ill will toward
Vue de, être en	292	Be within sight of
Vues sur, avoir des	321	Have one's eyes on

Y

Yeux à, faire les gros	232	Show displeasure
Yeux doux à, faire les	231	Make eyes at
Yeux que pour, n'avoir d'	251	Only have eyes for
Yeux sur, avoir les	320	Keep one's eyes on
Yeux sur, fermer les	143	Close one's eyes to
Yeux sur, jeter les	504	Select someone (for a post)
Yeux sur, ouvrir les	285	Open one's eyes to

PART 3
FRENCH-ENGLISH GLOSSARY

Avant de t'acheter une nouvelle voiture, tu devrais
tenir compte de l'état de tes finances.

This alphabetically arranged section has 763 separate entries highlighting verbal synonym equivalents (in the French infinitive form) for all basic idioms for which there is an appropriate verb. Each verbal entry is originally located in connection with the basic idiom (in italics) under Part I. Where reflexive (or reciprocal) verbs occur, they are listed by the verb itself (stem and ending) with the *se* or *s'* following in parentheses — such as *abandonner (s')* or *battre (se)*.

Following each verbal item is the basic idiom with which it is synonymous, followed by the frequency-of-occurrence number and the first listed English equivalent word or expression.

Many teachers of French, in France, choose to use an appropriate verb in preference to an idiomatic expression to convey meaning — for this reason verbal synonyms are included in Part III.

VERB FRENCH	FREQ.	ENGLISH
Abandonner Dire adieu à	189	Give up
Abandonner (s') à Donner libre cours à	257	Give free reign to
Abhorrer Avoir horreur de	27	Feel an aversion toward
Abhorrer Porter de la haine à	670	Feel hatred toward
Abominer Porter de la haine à	670	Feel hatred toward
Aboutir Arriver au terme de	305	Come to the end of
Aboutir à Tomber d'accord sur	238	Come to agreement
Abstenir (s') de Faire abstraction de	402	Leave out of account
Abstenir (s') de Se tenir à l'écart de	185	Keep away from
Abuser de Faire abus de	551	Indulge in too freely
Abuser de Prendre avantage de	502	Take advantage of
Accélérer Avoir hâte de	104	Be in a hurry to
Accepter Prendre son parti de	347	Resign oneself to
Acclamer Faire une ovation à	458	Acclaim
Accorder (s') S'entendre bien avec	43	Get along well with
Accorder (s') Tomber d'accord sur	238	Come to agreement
Accorder (s') avec Être en harmonie avec	519	Be in harmony with

VERB FRENCH	FREQ.	ENGLISH
Accorder (s') avec Se mettre d'accord avec	86	To come to an agreement with
Accoucher de Donner le jour à	322	Give birth to
Accoutumer (s') Avoir coutume de	352	Be accustomed to
Accoutumer (s') Avoir pour habitude de	383	Be in the habit of
Accrocher (s') Faire un accroc à	239	Make a tear
Accueillir Offrir l'hospitalité à	209	Offer hospitality to
Accuser Faire le procès de	391	Attack
Accuser Jeter la pierre à	360	Lay the blame on
Accuser Porter une accusation contre	370	Make an accusation against
Achever Donner le coup de grâce à	378	Give the death blow to
Achever Mettre la dernière main à	490	Put on the finishing touches
Acquiescer Être d'accord avec	16	Agree with
Acquiescer Être de l'avis de	107	Have or be of the same opinion as
Adhérer à Faire corps avec	496	Be closely united with
Admonester Faire la leçon à	284	Teach a lesson (to someone)
Adonner (s') à Se laisser aller à	146	Abandon oneself to
Adoucir Faire du bien à	55	Help
Adresser (s') à Adresser la parole à	71	Speak to
Adresser (s') à Faire des démarches auprès de	237	Approach someone

VERB FRENCH	FREQ.	ENGLISH
Affliger Faire mal à	123	Hurt
Affronter Faire face à	174	Face up to
Agacer Faire des misères à	346	Tease unmercifully
Agir contre Aller à l'encontre de	330	Run counter to
Agréer Être d'accord avec	16	Agree with
Agréer Être d'avis de	315	Be of the opinion to
Agréer Être de l'avis de	107	Have or be of the same opinion as
Aider Donner un coup de main à	39	Lend a helping hand to
Aider Donner un coup d'épaule à	575	Help someone succeed
Aider Faire la charité à	272	Give alms to
Aider Mettre la main à	175	Put one's shoulder to the wheel
Aider Prêter assistance à	371	Lend a hand
Aider Prêter main forte à	351	Lend a helping hand to
Aider Prêter son concours à	350	Come to the aid of
Aider Tendre la main à	198	Give a helping hand to
Aider Tendre la perche à	304	Hold out a hand to
Aider à Prêter la main à	627	Lend someone a hand
Aimer Se faire un plaisir de	200	Take pleasure in
Alerter Donner l'éveil à	534	Put on the alert

VERB FRENCH	FREQ.	ENGLISH
Alléguer Prendre prétexte de	388	Make a pretext of
Allier (s') à Faire cause commune avec	443	Be allies with
Allier (s') à Faire alliance avec	552	Side with
Allier (s') à Lier partie avec	659	Take sides with
Allier (s') contre Prendre parti contre	234	Take sides against
Amouracher (s') Perdre la tête pour	182	Lose one's head over
Amouracher (s') de Tomber amoureux de	63	Fall in love with
Annoncer Faire part de	163	Announce
Apaiser Faire du bien à	55	Help
Apercevoir Être en vue de	292	Be within sight of
Apercevoir (s') de Ouvrir les yeux sur	285	Open one's eyes to
Apercevoir (s') de Se rendre compte de	23	Realize
Apercevoir de (s') Être au courant de	4	Be up to date on
Apercevoir (s') de Prendre conscience de	210	Become aware
Apitoyer Faire pitié à	74	Arouse pity toward
Apitoyer (s') sur Avoir pitié de	36	Feel sorry for
Apitoyer (s') sur Avoir de la compassion pour	607	Have compassion for
Appartenir à Faire partie de	57	Be part of
Appliquer (s') à Se casser la tête sur	248	Work desperately hard at

VERB FRENCH	FREQ.	ENGLISH
Appliquer (s') à Faire effort pour	497	Make an effort to
Apprécier Attacher de la valeur à	164	Place worth on
Apprécier Avoir du goût pour	260	Have a taste for
Apprécier Penser du bien de	632	Think highly of
Apprécier Prendre goût à	217	Take a liking to
Apprécier Prendre plaisir à	216	Take pleasure in
Apprêter (s') à Être sur le point de	33	Be on the verge of
Apprêter (s') à Être en voie de	431	Be on the way to
Apprêter (s') à Être à la veille de	250	Be on the eve of
Apprêter (s') à Être à deux doigts de	190	Be on the brink of
Apprêter (s') à Être en passe de	580	Be on the way to
Approcher (s') de Être en vue de	292	Be within sight of
Approuver Donner son assentiment à	512	Give one's consent to or for
Approuver Donner suite à	379	Carry out
Approuver Être d'accord avec	16	Agree with
Approvisionner (s') Faire provision de	168	Lay in a stock or supply of
Arranger Faire l'affaire de	150	Suit one's purpose
Arranger Faire le jeu de	244	Play into the hands of
Arranger Mettre bon ordre à	492	Put things right

VERB		
FRENCH	FREQ.	ENGLISH
Arriver à Faire l'effort de	151	Make the effort to
Arriver à Trouver moyen de	262	Find a way or means to
Assaillir Donner l'assaut à	460	Assault
Assister Prêter assistance à	371	Lend a hand
Assister Prêter main forte à	351	Lend a helping hand to
Assister Prêter son concours à	350	Come to the aid of
Assister Tendre la perche à	304	Hold out a hand to
Assister Tenir compagnie à	76	Keep company with
Assister à Être témoin de	73	Be a witness to
Associer (s') Tenir compagnie à	76	Keep company with
Associer (s') à Faire alliance avec	552	Side with
Assurer Se porter garant de	240	Be security for
Attaquer Donner l'assaut à	460	Assault
Attaquer Faire le procès de	391	Attack
Attraper Mettre la main sur	125	Pick up
Attrapper Tendre un piège à	141	Set a trap for
Avancer Prendre de l'avance sur	604	Get a head start on
Avantager Faire le jeu de	244	Play into the hands of
Avertir Donner une leçon à	42	Teach a lesson to

VERB FRENCH	FREQ.	ENGLISH
Avertir Mettre en garde contre	208	Warn against
Aviser de Faire part de	163	Announce

B

Battre Faire violence à	499	Do violence to
Battre Frotter les oreilles à	597	Box someone's ears
Battre Lever la main sur	309	Raise one's hand against
Battre Porter la main sur	377	Lay a hand on
Battre Remporter la victoire sur	254	Win victory over
Battre (se) avec Se prendre de querelle avec	611	Pick a quarrel with
Berner Tromper la confiance de	411	Betray someone's trust or confidence
Blâmer Jeter la pierre à	360	Lay the blame on
Blâmer Porter une accusation contre	370	Make an accusation against
Blâmer Trouver à redire à	227	Be dissatisfied with
Blesser Dire des injures à	501	Speak injuriously to
Bouder Faire la moue à	303	Pout at
Bouder Faire la tête à	96	Pout
Braver Faire nargue à	700	Haughtily defy
Brouiller (se) avec Se mettre mal avec	491	Have a falling out with
Brutaliser Faire violence à	499	Do violence to

VERB		
FRENCH	FREQ.	ENGLISH

C

Calmer
Faire du bien à — 55 — Help

Calomnier
Dire du mal de — 67 — Speak ill of

Calomnier
Taper sur le ventre à — 660 — Slander

Causer
Donner lieu à — 339 — Give rise to

Causer
Être cause de — 372 — Be the cause of

Céder
Faire des concessions à — 173 — Make concessions to

Céder
Plier sous l'autorité de — 639 — Bend under the authority of

Célébrer
Dire du bien de — 81 — Speak well of

Cesser de
Rompre tout commerce avec — 554 — Break off all dealings with

Chagriner
Faire du mal à — 44 — Hurt

Chagriner (se)
Prendre ombrage de — 592 — Take offense at

Charger (se) de
Faire son affaire de — 545 — Take charge of

Chasser
Être à la poursuite de — 134 — Be in pursuit of

Choisir
Jeter les yeux sur — 504 — Select someone (for a post)

Choisir
Jeter son dévolu sur — 529 — Pick out

Chuchoter
Parler bas à — 145 — Speak softly to

Citer
Faire mention de — 467 — Call attention to

VERB FRENCH	FREQ.	ENGLISH
Claquer la porte au nez de Fermer la porte au nez de	136	Slam the door on
Clarifier Faire le jour sur	543	Lay open
Clore Barrer la route à	137	Block the way of
Clore Mettre un terme à	252	Put an end to
Combattre Faire la guerre à	162	Make war on
Commander Donner ordre de	419	Order someone to do something
Commander Faire la loi à	538	Lay down the law to
Communiquer Être en communication avec	258	Be in touch with
Communiquer Faire savoir à	124	Let know
Communiquer avec Être en relations avec	176	Be in communication or contact with
Comparer Faire comparaison de	677	Compare with
Comprendre Prendre conscience de	210	Become aware
Comprendre Saisir le sens de	184	Grasp the meaning of
Comprendre Se rendre compte de	23	Realize
Concentrer (se) sur Fixer son attention sur	220	Focus one's attention on
Concerner Avoir rapport à	413	Have to do with
Concerner Être du ressort de	353	Be the concern of
Conclure Mettre un terme à	252	Put an end to
Condamner Faire le procès de	391	Attack

VERB FRENCH	FREQ.	ENGLISH
Conduire à Donner accès à	280	Give access to
Confier (se) à Faire ses confidences à	92	Confide in
Confronter Faire face à	174	Face up to
Congédier Donner congé à	249	Dismiss
Congédier Donner ses huit jours à	386	Give someone notice
Congédier Donner son compte à	563	Remove from office
Congratuler Faire ses félicitations à	590	Wish someone well
Connaître Avoir connaissance de	338	Be aware of
Connaître Avoir l'expérience de	103	Have experience in
Connaître Être au courant de	4	Be up to date on
Conquérir Faire la conquête de	340	Win the heart of
Consentir à Donner son assentiment à	512	Give one's consent to or for
Consentir à Donner suite à	379	Carry out
Considérer Faire cas de	354	Value
Considérer Faire la part de	264	Take into consideration
Considérer Tenir compte de	45	Take into account
Consulter Demander conseil à	128	Ask advice from
Consulter Prendre conseil de	466	Consult
Contacter Prendre contact avec	149	Get in touch with

VERB FRENCH	FREQ.	ENGLISH
Contacter Se mettre en rapport avec	183	Get in touch with
Contacter Se mettre en communication avec	334	Get in touch with
Contenter Faire plaisir à	5	Please someone
Contraindre Forcer la main à	131	Force someone's hand
Contraster avec Faire tache sur	448	Stand out against
Contredire Infliger un démenti à	562	Contradict
Contrôler Exercer un contrôle sur	306	Exercise control over
Convenir à Faire l'affaire de	150	Suit one's purpose
Convoiter Avoir des vues sur	321	Have one's eyes on
Convoyer Faire le trafic de	194	Traffic in
Copier Prendre modèle sur	287	Look to as a model
Correspondre avec Être en correspondance avec	387	Correspond with
Courir après Courir sus à	698	Go after
Courtiser Conter fleurette à	596	Flirt with
Courtiser Faire la cour à	246	Seek the favors of
Craindre Avoir peur de	11	Be afraid
Craindre de Avoir peur de	11	Be afraid
Craindre pour Avoir peur pour	363	Be afraid for
Critiquer Trouver à redire à	227	Be dissatisfied with

VERB FRENCH	FREQ.	ENGLISH
Croire Ajouter créance à	695	Give credit to
Croire à Ajouter foi à	664	Give credit to
Croire en Avoir foi en	447	Have faith in

D

Débarrasser (se) de Faire table rase de	410	Get rid of
Débarrasser Tenir quitte de	567	Release from
Décevoir Tromper la confiance de	411	Betray someone's trust or confidence
Déchirer Faire un accroc à	239	Make a tear
Décider (se) à Prendre la décision de	75	Make a decision to
Décider (se) à Prendre le parti de	212	Decide
Décider de Prendre la décision de	75	Make a decision to
Découvrir Arracher le masque à	661	Unmask a person
Dédaigner Avoir du mépris pour	268	Have contempt for
Dédaigner Faire fi de	618	Turn up one's nose at
Dédaigner Faire la sourde oreille à	230	Turn a deaf ear to
Dédaigner Tourner le dos à	226	Turn one's back on
Défaire Remporter la victoire sur	254	Win victory over
Défendre Faire l'apologie de	581	Clear from a charge
Défier Faire nargue à	700	Haughtily defy

VERB FRENCH	FREQ.	ENGLISH
Défier de Mettre au défi de	368	Challenge to
Dégager (se) de Se laver les mains de	308	Wash one's hands of
Délaisser Tourner le dos à	226	Turn one's back on
Délecter (se) à ou de Faire ses délices de	662	Revel in
Délivrer Sauver la vie à	119	Save the life of
Démasquer Arracher le masque à	661	Unmask a person
Démasquer Faire poser le masque à	692	Expose in its true character
Dépendre de Être sous la dépendance de	291	Be under domination of
Dépendre de Être sous la coupe de	463	Be under the thumb of
Dépenser Se mettre en frais pour	357	Go to the expense of or to
Désintéresser (se) de N'avoir cure de	679	Not care about
Désirer Avoir envie de	6	Feel like
Détester Avoir de l'aversion pour	457	Have an aversion to
Détester Avoir horreur de	27	Feel an aversion toward
Devancer Couper l'herbe sous le pied de	422	Cut the grass from under someone's feet
Devoir Être dans l'obligation de	108	Be obligated to
Devoir Être dans la nécessité, de	404	Be in need of
Diffamer Taper sur le ventre à	660	Slander
Dire Faire savoir à	124	Let know

VERB FRENCH	FREQ.	ENGLISH
Diriger Faire la loi à	538	Lay down the law to
Diriger (se) vers Être en marche pour	401	Be marching toward
Diriger (se) vers Prendre le chemin de	222	Set out for
Discuter Être en négociations avec	359	Be in negotiations with
Dispenser de Faire grâce de	510	Spare from
Dispenser de Tenir quitte de	567	Release from
Disposer de Être en possession de	116	Be in possession of
Disputer (se) Se prendre de bec avec	655	Get into an argument with
Disputer (se) avec Faire une scène à	80	Make a scene
Disputer (se) avec Se prendre de querelle avec	611	Pick a quarrel with
Donner Faire don de	365	Make a present of
Donner Faire l'octroi de	666	Make a donation of
Donner Faire présent de	514	Make a present of
Douter de Avoir des doutes sur	649	Have doubts about
Duper Tromper la confiance de	411	Betray someone's trust or confidence

E

Échapper (s') Fausser compagnie à	153	Slip away from
Échapper à Être à l'abri de	106	Be sheltered from
Échouer Tomber dans les mains de	160	Fall into the hands of

VERB FRENCH	FREQ.	ENGLISH
Éclaircir Faire la lumière sur	456	Clear up
Éclaircir Faire le jour sur	543	Lay open
Écouter Ouvrir l'oreille à	631	Lend an ear
Écouter Prêter l'oreille à	271	Give credence to
Écrire Envoyer un mot	32	Drop a line to
Écrire à Être en correspondance avec	387	Correspond with
Efforcer (s') de Faire effort pour	497	Make an effort to
Efforcer (s') de Faire l'effort de	151	Make the effort to
Effrayer Faire peur à	41	Scare
Égaler Être au niveau de	214	Be on a par with
Égarer Donner le change à	513	Sidetrack
Éliminer Faire table rase de	410	Get rid of
Embarrasser Causer de l'embarras à	418	Cause trouble for
Embrasser Donner l'accolade à	549	Hug or kiss someone
Émouvoir Faire impression sur	199	Make an impression on
Emparer (s') de Faire main basse sur	302	Lay hands on
Emparer (s') de Prendre possession de	253	Take possession of
Emparer (s') de Être en possession de	116	Be in possession of
Employer Avoir recours à	225	Have recourse to

VERB FRENCH	FREQ.	ENGLISH
Employer Faire usage de	207	Take (into the body)
Encombrer Barrer la route à	137	Block the way of
Énerver Casser les pieds à	31	Get on one's nerves
Enerver Taper sur les nerfs à	155	Get on the nerves of
Enflammer (s') pour Prendre feu pour	663	Be inclined to give support to
Engager (s') Donner sa parole à	206	Give one's word to
Engager (s') pour Se porter caution pour	633	Go bail for someone
Ennuyer Casser les pieds à	31	Get on one's nerves
Enorgueillir (s') de Tirer vanité de	621	Take pride in
Enquérir (s') Prendre connaissance de	223	Inquire into
Enquérir (s') Prendre des renseignements sur	112	Obtain information on or about
Enquêter Faire des recherches sur	70	Do research on
Enregistrer Passer écriture de	696	Enter into the books
Ensorceler Jeter un sort sur	461	Cast a spell on
Entendre (s') Se mettre bien avec	269	Get along well with
Entendre (s') avec Être en bons termes avec	122	Get along with
Entendre (s') avec Être bien avec	77	Get along well with
Entendre (s') avec Être au mieux avec	274	Be on the best possible terms with
Entendre (s') avec Être de connivence avec	323	Connive with

VERB FRENCH	FREQ.	ENGLISH
Entendre (s') avec Avoir des intelligences avec	689	Have (secret) dealings with
Enthousiasmer (s') pour Prendre feu pour	663	Be inclined to give support to
Enthousiasmer (s') pour Prendre intérêt à	425	Take an interest in
Entraver Mettre un frein à	375	Put a stop to
Entretenir (s') avec Entrer en conversation avec	517	Strike up a conversation with
Entretenir de Toucher un mot de	591	Touch on
Envier Porter envie à	685	Be envious of (someone)
Envoûter Jeter un sort sur	461	Cast a spell on
Envoyer Faire l'envoi de	485	Send out
Épargner (s') Se mettre à l'abri de	228	Take shelter from
Épargner Sauver la vie à	119	Save the life of
Épauler Donner un coup d'épaule à	575	Help someone succeed
Épier Être à l'affût de	289	Be on the lookout for
Épouser Donner sa main à	640	Give one's hand in marriage
Épouvanter Faire peur à	41	Scare
Éprendre (s') de Tomber amoureux de	63	Fall in love with
Épuiser Boire le sang à	699	Torture or torment
Essayer Faire l'essai de	273	Try out
Essayer de Faire effort pour	497	Make an effort to

VERB		
FRENCH	FREQ.	ENGLISH

Estimer
Avoir de l'estime pour — 127 — Hold in high esteem

Estimer
Faire cas de — 354 — Value

Estimer
Penser du bien de — 632 — Think highly of

Estimer que
Être de l'avis de — 107 — Have to be of the same opinion as

Étaler
Faire étalage de — 307 — Show off

Évaluer
Faire le relevé de — 556 — Make a statement of

Évoquer
Faire allusion à — 135 — Make indirect reference to

Examiner
Faire la revue de — 515 — Conduct an inspection of

Excuser (s')
Demander pardon à — 133 — Beg one's pardon

Excuser (s')
Faire des excuses à — 118 — Apologize to

Exécrer
Porter de la haine à — 670 — Feel hatred toward

Exempter
Faire grâce de — 510 — Spare from

Expérimenter
Faire l'essai de — 273 — Try out

Expliquer (s')
Rendre raison de — 693 — Give an account of

Expliquer (s') avec
Avoir une explication avec — 120 — Have a talk

Exposer (s') à
Donner prise à — 503 — Give rise to

F

Fâcher
Faire ombrage à — 629 — Make someone angry

Fâcher (se) avec
Se mettre mal avec — 491 — Have a falling out with

VERB		
FRENCH	FREQ.	ENGLISH
Falloir Être dans l'obligation de	108	Be obligated to
Fatiguer (se) sur Se casser la tête sur	248	Work desperately hard at
Favoriser Donner la préférence à	281	Give preference to
Feindre Faire semblant de	17	Act like
Féliciter Adresser des compliments à	524	Offer congratulations
Féliciter Faire ses félicitations à	590	Wish someone well
Fier (se) à Avoir confiance en	34	Have confidence in
Fier (se) à Faire confiance à	25	Trust
Fier (se) à S'en remettre à la discrétion	528	Rely on
Finir Arriver au terme de	305	Come to the end of
Finir Mettre fin à	87	Put an end to
Flatter (se) de Avoir la prétention de	97	Pretend to
Forcer Forcer la main à	131	Force someone's hand
Fourvoyer Donner le change à	513	Sidetrack
Franchir Franchir le seuil de	536	Cross the threshold of or into
Fréquenter Avoir une liaison avec	267	Have an affair with

G

Gagner Faire la conquête de	340	Win the heart of
Gagner Remporter la victoire sur	254	Win victory over

VERB FRENCH	FREQ.	ENGLISH
Garantir Se porter garant de	240	Be security for
Gêner Causer de l'embarras à	418	Cause trouble for
Gêner Mettre empêchement à	694	Put an obstacle in the way of
Gifler Donner une gifle à	98	Slap the face of
Goûter Avoir du goût pour	260	Have a taste for
Grâcier Faire grâce à	440	Grant pardon to
Guetter Être à l'affut de	289	Be on the lookout for

H

Habituer (s') Avoir coutume de	352	Be accustomed to
Habituer (s') Avoir pour habitude de	383	Be in the habit of
Habituer (s') à Prendre le pli de	428	Get into the routine of
Habituer (s') (à) Prendre l'habitude de	38	Get into the habit of
Haïr Avoir horreur de	27	Feel an aversion toward
Haïr Porter de la haine à	670	Feel hatred toward
Hâter Avoir hâte de	104	Be in a hurry to
Héberger Offrir l'hospitalité à	209	Offer hospitality to
Hésiter à Avoir scrupule à	494	Hesitate to
Hésiter sur Être à cheval sur	427	Be on the fence about
Heurter Entrer en collision avec	298	Collide with

165

VERB FRENCH	FREQ.	ENGLISH
Honorer Faire honneur à	283	Do credit to
Honorer Rendre hommage à	295	Render homage to
Honorer Rendre honneur à	641	Pay a compliment to
Honorer Rendre les derniers honneurs à	446	Pay the last honors to
Honorer Rendre ses devoirs à	667	Pay one's respects to
Humilier Faire affront à	559	Humiliate
Humilier Faire honte à	152	Make someone ashamed

I

Ignorer Être dans l'ignorance de	473	Be in the dark about
Ignorer Faire fi de	618	Turn up one's nose at
Ignorer Faire la sourde oreille à	230	Turn a deaf ear to
Ignorer Fermer les yeux sur	143	Close one's eyes to
Ignorer N'avoir que faire de	382	Have no use for
Ignorer Tourner le dos à	226	Turn one's back on
Imaginer Se faire une idée de	66	Imagine
Imiter Emboîter le pas à	421	Follow in the footsteps of
Imiter Marcher sur les pas de	407	Follow in the footsteps of
Imiter Prendre exemple sur	178	Use as an example
Imiter Prendre modèle sur	287	Look to as a model

VERB		
FRENCH	FREQ.	ENGLISH
Imiter Suivre les traces de	218	Follow in the footsteps of
Importuner Rendre la vie dure à	213	Make life difficult for
Imposer Faire impression sur	199	Make an impression on
Impressionner Faire impression sur	199	Make an impression on
Influencer Avoir de l'influence sur	40	Have an influence on
Informer Faire part de	163	Announce
Informer Mettre au courant de	69	Bring up to date on
Informer Mettre en garde contre	208	Warn against
Informer (s') (de ou sur) Prendre connaissance de	223	Inquire into
Informer (s') Prendre des renseignements sur	112	Obtain information on or about
Informer (s') de Prendre communication de	569	Obtain information about
Informer (s') (de) Se mettre au courant de	47	Bring oneself up to date on
Informer de Mettre au fait de	602	Bring up to date on
Injurier Dire des injures à	501	Speak injuriously to
Inquiéter Faire ombrage à	629	Make someone angry
Inscrire Passer écriture de	696	Enter into the books
Inspecter Faire la revue de	515	Conduct an inspection of
Insulter Adresser des insultes à	630	Insult someone
Insulter Dire des injures à	501	Speak injuriously to

VERB		
FRENCH	FREQ.	ENGLISH
Insulter Faire offense à	598	Commit an affront
Intéresser (s') Faire les yeux doux à	231	Make eyes at
Intéresser (s') à Prendre intérêt à	425	Take an interest in
Interroger Poser une question à	20	Ask a question
Interrompre Couper la parole à	64	Interrupt
Interrompre Couper court à	279	Cut short
Intervenir Prendre fait et cause pour	454	Be all for
Intervenir dans Mettre le nez dans	229	Interfere in
Intimider Faire des menaces à	405	Make threats to
Inviter à Mettre au défi de	368	Challenge to
Irriter Taper sur les nerfs à	155	Get on the nerves of

J

Jeter (se) contre Entrer en collision avec	298	Collide with
Joindre (se) à Prendre le parti de	212	Join
Jouer (se) de Se faire un jeu de	542	Make sport of
Juger Faire le procès de	391	Attack
Juger Porter un jugement sur	215	Make a judgment on
Juger de Prendre mesure de	455	Take measure of
Justifier Donner lieu de	686	Give reason to

VERB FRENCH	FREQ.	ENGLISH
Justifier Faire l'apologie de	581	Clear from a charge

L

Léguer Faire don de	365	Make a present of
Licencier Donner congé à	249	Dismiss
Licencier Donner ses huit jours à	386	Give someone notice
Licencier Donner son compte à	563	Remove from office
Liguer (se) Faire alliance avec	552	Side with
Livrer Céder la place à	88	Give one's seat to
Louanger Chanter les louanges de	533	Sing the praises of
Louer Chanter les louanges de	533	Sing the praises of
Louer Dire du bien de	81	Speak well of
Lutter Faire la guerre à	162	Make war on

M

Malmener Faire un mauvais parti à	566	Treat harshly
Maltraiter Faire un mauvais parti à	566	Treat harshly
Maltraiter Frotter les oreilles à	597	Box someone's ears
Manquer à Faire défaut à	599	Fall short in
Manquer de Être à court de	90	Be lacking in
Marier (se) avec Donner sa main à	640	Give one's hand in marriage
Médire Dire du mal de	67	Speak ill of

VERB FRENCH	FREQ.	ENGLISH
Médire de En dire de belles sur	385	Say much that is strange or scandalous about
Méfier (se) de Faire attention à	24	Be careful of
Méfier (se) de Prendre garde à	140	Watch out for
Menacer Faire des menaces à	405	Make threats to
Menacer Porter la main sur	377	Lay a hand on
Mener à Donner accès à	280	Give access to
Mentionner Faire état de	434	Take into account
Mentionner Faire mention de	467	Call attention to
Mépriser Avoir du mépris pour	268	Have contempt for
Montrer Faire étalage de	307	Show off
Montrer Faire montre de	647	Make a show of
Moquer (se) de N'avoir cure de	679	Not care about
Moquer (se) de Se payer la tête de	148	Make fun of
Moraliser Faire la leçon à	284	Teach a lesson (to someone)
Morigéner Faire la leçon à	284	Teach a lesson (to someone)
Morigéner Faire la morale à	110	Preach to

N

Narguer Faire nargue à	700	Haughtily defy
Ne pas oser Avoir scrupule à	494	Hesitate to

VERB FRENCH	FREQ.	ENGLISH
Négocier Être en négociations avec	359	Be in negotiations with
Noter Prendre acte de	482	Make a note of
Noter Prendre copie de	449	Make a copy of
Noter Prendre note de	154	Take note
Notifier à Donner avis à	648	Give notice to

O

Obliger Forcer la main à	131	Force someone's hand
Obliger Mettre en demeure de	553	Compel or summon a person to do something
Obliger Rendre service à	10	Do a favor for
Observer Avoir les yeux sur	320	Keep one's eyes on
Obstruer Barrer la route à	137	Block the way of
Occasionner Être cause de	372	Be the cause of
Occuper (s') de Mettre le nez dans	229	Interfere in
Occuper (s') de Prendre soin de	49	Take care of
Octroyer Faire l'octroi de	666	Make a donation of
Octroyer (s') Prendre possession de	253	Take possession of
Offenser Dire des injures à	501	Speak injuriously to
Offenser Faire affront à	559	Humiliate
Offenser Faire insulte à	571	Insult

VERB FRENCH	FREQ.	ENGLISH
Offenser Faire offense à	598	Commit an affront
Offenser Faire outrage à	570	Offend against
Offenser Faire un affront à	332	Slight
Offrir Faire cadeau de	95	Offer as a gift
Offrir Faire don de	365	Make a present of
Offrir Faire hommage à	610	Do homage to
Offrir Faire l'aumône de	495	Give something charitably
Offrir Faire présent de	514	Make a present of
Omettre de Faire abstraction de	402	Leave out of account
Opposer (s') Prendre parti contre	234	Take sides against
Opposer (s') à Aller à l'encontre de	330	Run counter to
Opposer (s') à En venir aux mains avec	193	Come to blows with
Opposer (s') à Faire front à	486	Face boldly
Opposer (s') à Faire la guerre à	162	Make war on
Opposer (s') à Mettre empêchement à	694	Put an obstacle in the way of
Opposer (s') à Mettre obstacle à	613	Put an obstacle in the way
Opposer (s') à Mettre le holà à	478	Put a stop to
Opposer (s') à Mettre son veto à	479	Say no to
Opposer (s') à Mettre opposition à	588	Oppose

VERB FRENCH	FREQ.	ENGLISH
Opposer (s') à Prendre le contre pied de	471	Take the opposite view from
Opposer (s') à Tenir tête à	186	Hold one's own against
Ordonner de Donner ordre de	419	Order someone to do something
Oublier Faire grâce à	440	Grant pardon to
Outrager Faire insulte à	571	Insult
Outrager Faire outrage à	570	Offend against
Ouvrir (s') à Faire ses confidences à	92	Confide in
Ouvrir sur Donner accès à	280	Give access to
Ovationner Faire une ovation à	458	Acclaim

P

Paraître Avoir l'air de	2	Appear to
Paraître Faire figure de	341	Cut the figure of
Pardonner Faire miséricorde à	673	Be merciful to
Parler à Adresser la parole à	71	Speak to
Parler de Faire état de	434	Take into account
Parler de Faire mention de	467	Call attention to
Parler de Toucher un mot de	591	Touch on
Participer Avoir part à	634	Have a share in
Participer à Prendre part à	61	Take part in

VERB		
FRENCH	FREQ.	ENGLISH
Parvenir à Faire l'effort de	151	Make the effort to
Passer (chez) Rendre visite à	18	Pay a visit
Passer (se) de Faire son deuil de	469	Submit to the loss of
Peiner Faire de la peine à	56	Grieve
Peiner Faire du mal à	44	Hurt
Peiner Faire mal à	123	Hurt
Peiner Faire peine à	242	Be painful to
Pencher (se) sur Fixer son attention sur	220	Focus one's attention on
Permettre à Donner prise à	503	Give rise to
Persuader (se) de Se mettre en tête de	159	Take it into one's head to
Piéger Tendre un piège à	141	Set a trap for
Piller Faire main basse sur	302	Lay hands on
Plaire à Être dans les bonnes grâces de	333	Be in the good graces of
Plaire à Trouver faveur auprès de	672	Find favor with
Porter (se) vers Être en march pour	401	Be marching toward
Posséder Être en possession de	116	Be in possession of
Poursuivre Courir sus à	698	Go after
Poursuivre Être à la poursuite de	134	Be in pursuit of
Poursuivre Être aux trousses de	438	Be on someone's heels

VERB		
FRENCH	FREQ.	ENGLISH
Poursuivre Être sur la trace de	277	Be on the trail of
Poursuivre Faire un procès à	161	Sue
Pourvoir à Mettre bon ordre à	492	Put things right
Pouvoir Avoir la faculté de	465	Have the ability to
Pouvoir Avoir le droit de	29	Be entitled to
Pouvoir Avoir les moyens de	85	Have the means to
Pouvoir Être à la hauteur de	121	Be equal to
Pouvoir Être à même de	296	Be able to
Pouvoir Être capable de	22	Be capable of
Pouvoir Être en état de	157	Be in a position to
Pouvoir Être en mesure de	165	Be equal to
Pouvoir Être en position de	573	Be able to
Pouvoir Être en situation de	600	Be in a position to
Pouvoir Trouver moyen de	262	Find a way or means to
Précéder Prendre de l'avance sur	604	Get a head start on
Prédisposer Être de nature à	433	Be of a disposition or nature to
Préférer Donner la préférence à	281	Give preference to
Prendre Faire main basse sur	302	Lay hands on
Prendre Faire usage de	207	Take (into the body)

VERB FRENCH	FREQ.	ENGLISH
Présenter Faire cadeau de	95	Offer as a gift
Présenter à Faire hommage à	610	Do homage to
Préserver (se) de Se mettre à l'abri de	228	Take shelter from
Prétendre Avoir la prétention de	97	Pretend to
Prétexter Prendre prétexte de	388	Make a pretext of
Prévenir Faire savoir à	124	Let know
Prévenir Mettre en garde contre	208	Warn against
Prier Demander grâce à	442	Beg mercy from or compassion of
Priver (se) de Faire le sacrifice de	531	Sacrifice to give to another
Profiter Faire son profit de	392	Profit by
Profiter de Prendre avantage de	502	Take advantage of
Profiter de Tirer profit de	187	Profit from
Promettre Donner sa parole à	206	Give one's word to
Proposer (se) Se mettre à la disposition de	111	Put oneself or be at the disposal of
Proposer (se) à Offrir son concours à	415	Offer assistance to
Proposer (se) de Avoir pour but de	328	Have as a goal
Proposer de (se) Avoir l'intention de	14	Intend to
Protéger (se) de Se mettre à l'abri de	228	Take shelter from
Prouver Faire preuve de	79	Give proof of

VERB FRENCH	FREQ.	ENGLISH
Provoquer Chercher noise à	616	Try to start a quarrel with
Provoquer Chercher querelle à	493	Try to pick a quarrel with

Q

Quereller (se) Se prendre de bec avec	655	Get into an argument with
Questionner Poser une question à	20	Ask a question
Quitter Dire adieu à	189	Give up
Quitter Prendre congé de	195	Take leave of

R

Raccompagner Faire un brin de conduite à	609	Accompany someone a ways
Rallier (se) à Prêter sa voix à	620	Speak for
Rallier (se) à Prendre le parti de	212	Join
Ranimer Rendre la vie à	348	Save someone's life
Rapporter Rendre compte de	179	Make an accounting of
Rapporter (se) à Avoir rapport à	413	Have to do with
Rassurer Donner confiance à	205	Give confidence or self-assurance
Rassurer Rendre la vie à	348	Save someone's life
Réaliser Se rendre compte de	23	Realize
Rebiffer (se) Mettre de la mauvaise volonté à	138	Show ill will toward
Recevoir Donner audience à	451	Give an audience to

VERB FRENCH	FREQ.	ENGLISH
Recevoir Prendre livraison de	505	Take delivery on
Rechercher Être à la recherche de	142	Be looking for
Rechercher Faire des recherches sur	70	Do research on
Rechercher Se mettre en quête de	342	Go in search of
Rechigner à Mettre de la mauvaise volonté à	138	Show ill will toward
Réconcilier (se) avec Faire la paix avec	171	Make peace with
Recourir à Faire appel à	109	Call upon
Réexaminer Faire la révision de	412	Revise
Référer (se) à Faire allusion à	135	Make indirect reference to
Refuser Mettre opposition à	588	Oppose
Refuser de Mettre son veto à	479	Say no to
Régaler (se) de Faire ses délices de	662	Revel in
Regarder Porter les regards sur	481	Look upon
Régler Faire son affaire de	545	Take charge of
Regretter Se mordre la langue de	564	Hold one's tongue
Regretter de Être au regret de	452	Be sorry about
Réjouir (se) de Prendre plaisir à	216	Take pleasure in
Relâcher Donner du jeu à	535	Give play to
Remédier à Porter remède à	546	Remedy

VERB FRENCH	FREQ.	ENGLISH
Remercier Donner ses huit jours à	386	Give someone notice
Remercier Faire ses remerciements pour	544	Give thanks for
Remercier Rendre grâces à	560	Be thankful to
Remplacer Faire fonction de	345	Serve as
Remplacer Faire office de	396	Act as
Remplacer Prendre la place de	62	Take the place of
Remplacer Tenir lieu de	366	Take the place of
Rencontrer Faire la connaissance de	46	Make the acquaintance of
Rencontrer (se) avec Faire connaissance avec	117	Make the acquaintance of
Renoncer à Dire adieu à	189	Give up
Renseigner (se) Prendre des renseignements sur	112	Obtain information on or about
Renseigner sur Faire savoir à	124	Let know
Renvoyer Donner son compte à	563	Remove from office
Repentir (se) de Se mordre les doigts de	336	Repent of
Répliquer Renvoyer la balle à	373	Reply to
Répondre de Se porter garant de	240	Be security for
Reposer (se) sur S'en remettre à la discrétion	528	Rely on
Réprimander Faire la leçon à	284	Teach a lesson (to someone)
Réprimander Faire la morale à	110	Preach to

VERB FRENCH	FREQ.	ENGLISH
Répugner à Avoir de la répugnance pour	394	Have a dislike for
Résigner (se) à Prendre son parti de	347	Resign oneself to
Résister à Opposer résistance à	480	Put up resistance to
Résister à Tenir tête à	186	Hold one's own against
Résoudre Faire la lumière sur	456	Clear up
Résoudre (se) Prendre le parti de	212	Decide
Respecter Avoir du respect pour	188	Have respect for
Respecter Rendre ses devoirs à	667	Pay one's respects to
Ressembler à Avoir la mine de	625	Look like
Ressortir sur Faire tache sur	448	Stand out against
Résumer Faire le compte rendu de	130	Give an account of
Retourner vers Prendre le chemin de	222	Set out for
Réussir à Trouver moyen de	262	Find a way or means to
Réussir à Venir à bout de	201	Come to the end or close of
Reviser Faire la révision de	412	Revise
Revoir Faire la révision de	412	Revise
Ridiculiser Faire honte à	152	Make someone ashamed
Ridiculiser Se payer la tête de	148	Make fun of
Risquer Courir le risque de	197	Run the risk of

VERB FRENCH	FREQ.	ENGLISH
Rougir Avoir honte de	203	Be ashamed of

S

VERB FRENCH	FREQ.	ENGLISH
S'enquérir de l'opinion de Prendre avis de	547	Consider the opinion of
S'entendre (avec) Se mettre d'accord avec	86	Come to an agreement with
Sacrifier (se) pour Faire le sacrifice de	531	Sacrifice to give to another
Saluer Donner l'accolade à	549	Hug or kiss someone
Saluer Donner le bonjour à	314	Say hello to
Saluer Faire ses amitiés à	299	Give one's greeting to
Saluer Présenter ses respects à	337	Pay one's respects to
Savoir Avoir connaissance de	338	Be aware of
Savoir Avoir la présence d'esprit de	158	Have the presence of mind to
Savoir Être au courant de	4	Be up to date on
Savoir Faire la part de	264	Take into consideration
Se soumettre à Faire sa soumission à	651	Yield to
Secourir Aller au secours de	30	Go to the aid of
Secourir Faire la charité à	272	Give alms to
Secourir Porter secours à	139	Bring help to
Secourir Prêter assistance à	371	Lend a hand
Secourir Prêter main forte à	351	Lend a helping hand to

VERB FRENCH	FREQ.	ENGLISH
Secourir Sauver la vie à	119	Save the life of
Secourir Tendre la perche à	304	Hold out a hand to
Secourir Venir en aide à	99	Come to the aid of
Sembler Avoir l'air de	2	Appear to
Sermonner Faire la morale à	110	Preach to
Servir (se) de Avoir recours à	225	Have recourse to
Servir de Faire office de	396	Act as
Signaler (à) Faire signe à	37	Signal
Signaler Faire observer à	211	Call one's attention to
Signaler à Donner avis à	648	Give notice to
Signifier (figure) Donner ordre de	419	Order someone to do something
Signifier à Faire sentir à	101	Cause to feel
Simuler Faire semblant de	17	Act like
Solliciter Faire des démarches auprès de	237	Approach someone
Songer à Avoir la prudence de	278	Be careful to
Sortir avec Faire la cour à	246	Seek the favors of
Souffleter Donner une gifle à	98	Slap the face of
Souffrir de Avoir mal à	1	Have an ache
Soulager Faire du bien à	55	Help

VERB FRENCH	FREQ.	ENGLISH
Soumettre (se) Plier sous l'autorité de	639	Bend under the authority of
Soutenir Donner un coup d'épaule à	575	Help someone succeed
Soutenir (se) Faire cause commune avec	443	Be allies with
Stopper Barrer la route à	137	Block the way of
Stopper Mettre le holà à	478	Put a stop to
Stopper Mettre obstacle à	613	Put an obstacle in the way
Stopper Mettre un frein à	375	Put a stop to
Substituer (se) à Se mettre à la place de	48	Put oneself in the place of
Succéder à Faire suite à	540	Follow up on
Succéder à Suivre les traces de	218	Follow in the footsteps of
Suivre Emboîter le pas à	421	Follow in the footsteps of
Suivre Être au niveau de	214	Be on a par with
Suivre Faire suite à	540	Follow up on
Suivre Marcher sur les pas de	407	Follow in the footsteps of
Supplanter Couper l'herbe sous le pied de	422	Cut the grass from under someone's feet
Supplier Demander grâce à	442	Beg mercy from or compassion of
Supprimer Faire table rase de	410	Get rid of
Supprimer Régler son compte à	167	Get even with
Surveiller Avoir l'oeil sur	626	Keep an eye on

VERB		
FRENCH	FREQ.	ENGLISH

Surveiller
Avoir les yeux sur — 320 — Keep one's eyes on

Surveiller
Exercer un contrôle sur — 306 — Exercise control over

Surveiller
Prendre garde à — 140 — Watch out for

Survoler
Jeter un coup d'oeil sur — 60 — Take a quick look

Suspecter
Avoir des doutes sur — 649 — Have doubts about

T

Tâcher de
Faire effort pour — 497 — Make an effort to

Taire (se)
Garder le silence sur — 263 — Keep silent about

Taquiner
Casser les pieds à — 31 — Get on one's nerves

Taquiner
Faire des misères à — 346 — Tease unmercifully

Témoigner de
Être témoin de — 73 — Be a witness to

Témoigner de
Faire preuve de — 79 — Give proof of

Tendre
Avoir tendance à — 78 — Have a tendency to

Terminer
Arriver au terme de — 305 — Come to the end of

Terminer
Mettre fin à — 87 — Put an end to

Terminer
Mettre la dernière main à — 490 — Put on the finishing touches

Terminer
Mettre un terme à — 252 — Put an end to

Terminer
Venir à bout de — 201 — Come to the end or close of

Ternir
Porter atteinte à — 376 — Cast a shadow on

VERB FRENCH	FREQ.	ENGLISH
Terrasser Faire mordre la poussière à	568	Cause that someone bite the dust
Tester Faire l'essai de	273	Try out
Toucher Prendre contact avec	149	Get in touch with
Traiter Être en négociations avec	359	Be in negotiations with
Traiter de Avoir trait à	424	Relate to
Transcrire Prendre copie de	449	Make a copy of
Transmettre Être en communication avec	258	Be in touch with
Triompher de Venir à bout de	201	Come to the end or close of
Tromper Faire des infidélités à	325	Be unfaithful to
Troubler Tourner la tête à	172	Turn the head of

U

Unir (s') Faire cause commune avec	443	Be allies with
User de Avoir recours à	225	Have recourse to
Utiliser Avoir recours à	225	Have recourse to
Utiliser Faire usage de	207	Take (into the body)

V

Vaincre Remporter la victoire sur	254	Win victory over
Vanter (se) de Se faire fort de	522	Undertake to
Veiller sur Avoir soin de	367	Take care to

VERB		
FRENCH	FREQ.	ENGLISH
Veiller sur Prendre soin de	49	Take care of
Venger (se) de Régler son compte à	167	Get even with
Venger (se) de Tirer vengeance de	614	Avenge someone for
Venir de Tirer son origine de	555	Take its origin from
Violenter Faire violence à	499	Do violence to
Viser Avoir pour but de	328	Have as a goal
Viser à Avoir des prétentions sur	484	Have aspirations for
Voter pour Donner ses suffrages à	429	Give support to or votes for
Voter pour Prêter sa voix à	620	Speak for
Vouloir Avoir envie de	6	Feel like
Voyager avec Faire route avec	468	Travel with

PART 4
ENGLISH - FRENCH GLOSSARY

Ce jeune homme a des vues sur cette riche jeune fille.

English equivalents of French idioms are listed in alphabetical order. Opposite each is found the frequency-of-occurrence number followed by a French idiom which may be (1) the basic idiom (one of the 700); or (2) one or more synonymous idiomatic expressions (listed in italics under the basic idiom).

Some 2,835 English entries are listed in this section, many of them repeated to accommodate equivalents of all French expressions, as explained above, with the exception of the French verbal expressions (idiom equivalents) listed in Part III.

ENGLISH	FREQ.	FRENCH

Abandon	189	Dire adieu à
Abandon oneself to	146	Se laisser aller à
Abhor	27	Avoir horreur de
Ability to, have the	177	Être de taille à
Ability to, have the	400	Être maître de
Ability to, have the	465	Avoir la faculté de
Able or capable, render	576	Mettre à même de
Able to, be	157	Être en état de
Able to, be	296	Être à même de
Able to, be	399	Être homme à
Able to, be	573	Être en position de
Able to, be	600	Être en situation de
Able to use, be	583	Avoir l'usage de
About to, be	33	Être sur le point de
About, know something	338	Avoir connaissance de
Accept cheerfully	498	Faire bonne mine à
Access to, give	280	Donner accès à
Access to, have	132	Avoir accès à
Access to, have	430	Avoir ses entrées chez
Accessible to, make oneself	144	Se mettre à la portée de
Acclaim	458	Faire une ovation à
Accompany someone a ways	609	Faire un brin de conduite à
Account for	179	Rendre compte de
Account of, give an	130	Faire le compte rendu de
Account of, give an	693	Rendre raison de
Account, leave out of	402	Faire abstraction de
Account, take into	45	Tenir compte de
Account, take into	264	Faire la part de
Account, take into	434	Faire état de
Account, take into	455	Prendre mesure de

ENGLISH	FREQ.	FRENCH
Accounting of, make an	179	**Rendre compte de**
Accusation against, make an	370	**Porter une accusation contre**
Accuse	360	**Jeter la pierre à**
Accustomed to, be	352	**Avoir coutume de**
Accustomed to, become	38	**Prendre l'habitude de**
Accustomed to, become	428	**Prendre le pli de**
Ache, have an	1	**Avoir mal à**
Acknowledge receipt of	344	**Accuser réception de**
Acquaintance of, make the	46	**Faire la connaissance de**
Acquaintance of, make the	117	**Faire connaissance avec**
Acquainted with, be well	675	**Être à tu et à toi avec**
Acquainted with, become	223	**Prendre connaissance de**
Acquiesce	173	**Faire des concessions à**
Act amicably toward	477	**Faire bon visage à**
Act as	345	**Faire fonction de**
Act as	396	**Faire office de**
Act charitably toward	272	**Faire la charité à**
Act hospitably toward	209	**Offrir l'hospitalité à**
Act in collusion with	587	**Agir de connivence avec**
Act like	17	**Faire semblant de**
Act of, be in the	9	**Être en train de**
Action, provoke to	368	**Mettre au défi de**
Add credence to	695	**Ajouter créance à**
Address one's remarks to	71	**Adresser la parole à**
Adept at, be highly	444	**Être passé maître en**
Admission to, have	132	**Avoir accès à**
Advances at, make	316	**Faire les avances à**
Advantage of, take	187	**Tirer profit de**
Advantage of, take	392	**Faire son profit de**
Advantage of, take	502	**Prendre avantage de**
Advantage to, be to one's	84	**Avoir intérêt à**
Advantage to, be to one's	266	**Avoir avantage à**
Advice from, ask	128	**Demander conseil à**

ENGLISH	FREQ.	FRENCH
Advice from, take	466	**Prendre conseil de**
Advise	648	**Donner avis à**
Affair with, have an	267	**Avoir une liaison avec**
Affront	571	**Faire insulte à**
Affront	630	**Adresser des insultes à**
Affront, commit an	598	**Faire offense à**
Affrontery to, have the	628	**Avoir la hardiesse de**
Afoul of, run	298	**Entrer en collision avec**
Afraid for, be	363	**Avoir peur pour**
Afraid, be	11	**Avoir peur de**
Afraid, make	41	**Faire peur à**
Against, go	330	**Aller à l'encontre de**
Age to, be of	380	**Être d'âge à**
Agree with	16	**Être d'accord avec**
Agree with	107	**Être de l'avis de**
Agreement, come to	238	**Tomber d'accord sur**
Agreement with, be in	519	**Être en harmonie avec**
Agreement with, come to an	86	**Se mettre d'accord avec**
Aid	351	**Prêter main forte à**
Aid of, come to the	99	**Venir en aide à**
Aid of, come to the	139	**Porter secours à**
Aid of, come to the	350	**Prêter son concours à**
Aid of, go to the	30	**Aller au secours de**
Aim or purpose to	328	**Avoir pour but de**
Alert, put on the	534	**Donner l'éveil à**
Allies with, be	443	**Faire cause commune avec**
Allow a pension to	557	**Faire une rente à**
Allow for	680	**Avoir égard à**
Allow to pass	426	**Livrer passage à**
Allude to	135	**Faire allusion à**
Ally	601	**Se mettre au diapason de**
Alms, give	495	**Faire l'aumône de**
Alms to, give	272	**Faire la charité à**

ENGLISH	FREQ.	FRENCH
Angry, make someone	629	Faire ombrage à
Announce	163	Faire part de
Annoy	31	Casser les pieds à
Annoy	155	Taper sur les nerfs à
Another, sacrifice to give to	531	Faire le sacrifice de
Answer for	240	Se porter garant de
Answer to, have to	26	Avoir affaire à
Answerable for, be	290	Être pour beaucoup dans
Antagonistic towards, be	588	Mettre opposition à
Anxious about, be	652	Être en peine de
Apologize to	118	Faire des excuses à
Appeal to	109	Faire appel à
Appear to	2	Avoir l'air de
Appear to be	341	Faire figure de
Appearance of, present the	341	Faire figure de
Apply to someone	237	Faire des démarches auprès de
Appointment with, make an	15	Donner rendez-vous à
Appreciative of, be	579	Savoir gré de
Approach someone	237	Faire des démarches auprès de
Approaches to, make	316	Faire les avances à
Approval of, give	512	Donner son assentiment à
Argument or fight with, start an	493	Chercher querelle à
Argument with, get into an	655	Se prendre de bec avec
Arms, receive with open	520	Faire fête à
Arouse curiosity about	577	Piquer la curiosité de
Arouse pity toward	74	Faire pitié à
Arouse the suspicion of	259	Éveiller les soupçons de
Arouse the suspicion of	617	Éveiller la suspicion de
Arrange to meet	126	Prendre rendez-vous avec
Arrive at an understanding with	238	Tomber d'accord sur
Ashamed of, be	203	Avoir honte de
Ashamed, make someone	152	Faire honte à
Aside, stand	525	Passer la main à

ENGLISH	FREQ.	FRENCH
Ask a question	20	Poser une question à
Ask advice from	128	Demander conseil à
Ask for an explanation of	669	Demander raison de
Ask forgiveness of	133	Demander pardon à
Ask hospitality from	374	Demander l'hospitalité à
Ask permission of	19	Demander la permission à
Ask the reason of or for	669	Demander raison de
Aspirations for, have	484	Avoir des prétentions sur
Aspire to	484	Avoir des prétentions sur
Assault	460	Donner l'assaut à
Assert the contrary of	562	Infliger un démenti à
Assess	455	Prendre mesure de
Assist	39	Donner un coup de main à
Assist	99	Venir en aide à
Assist	198	Tendre la main à
Assist	351	Prêter main forte à
Assistance, come to someone's	627	Prêter la main à
Assistance to, give	350	Prêter son concours à
Assistance to, offer	415	Offrir son concours à
At the disposal of	115	Être sous les ordres de
Attach importance to	21	Attacher de l'importance à
Attach value to	164	Attacher de la valeur à
Attack (physically)	460	Donner l'assaut à
Attack (verbally)	391	Faire le procès de
Attention on, focus one's	220	Fixer son attention sur
Attention to, call	467	Faire mention de
Attention to, call one's	211	Faire observer à
Attention to, call one's	518	Appeler l'attention sur
Attention to, pay	24	Faire attention à
Attention to, pay little	450	Faire peu de cas de
Audacity to, have the	628	Avoir la hardiesse de
Audience to, give an	451	Donner audience à
Authority of, bend under the	639	Plier sous l'autorité de

ENGLISH	FREQ.	FRENCH
Authority, yield to someone's	639	Plier sous l'autorité de
Avenge someone for	614	Tirer vengeance de
Aversion to, have an	457	Avoir de l'aversion pour
Aversion toward, feel an	27	Avoir horreur de
Awaken the suspicion of	259	Éveiller les soupçons de
Aware, become	210	Prendre conscience de
Aware of, be	4	Être au courant de
Aware of, be	102	Avoir conscience de
Aware of, be	338	Avoir connaissance de
Aware of, make someone	211	Faire observer à
Away from, keep	185	Se tenir à l'écart de

B

ENGLISH	FREQ.	FRENCH
Back on, turn one's	226	Tourner le dos à
Background, put someone into the	658	Avoir le pas sur
Bad humor toward, be in a	398	Être mal disposé envers
Bad light, put in a	414	Porter ombrage à
Bad luck to, bring	54	Porter malheur à
Bad terms with, be on	282	Être mal avec
Badly towards, behave	319	Avoir des torts envers
Bail for someone, go	633	Se porter caution pour
Bail for, stand	633	Se porter caution pour
Bar (someone's) passage	137	Barrer la route à
Be . . . proof (fire-, water-, etc.)	472	Être à l'épreuve de
Be a burden to or on	521	Être à charge à
Be a continuation of	540	Faire suite à
Be a great favorite of	622	Être la coqueluche de
Be a mere tool in the hands of	657	Être l'âme damnée de
Be a slave to	256	Être esclave de
Be a stickler for	427	Être à cheval sur
Be a witness to	73	Être témoin de
Be able to	157	Être en état de
Be able to	296	Être à même de

ENGLISH	FREQ.	FRENCH
Be able to	573	Être en position de
Be able to	600	Être en situation de
Be able to use	583	Avoir l'usage de
Be about to	33	Être sur le point de
Be accustomed to	352	Avoir coutume de
Be accustomed to	383	Avoir pour habitude de
Be afraid of	11	Avoir peur de
Be afraid for	363	Avoir peur pour
Be after	134	Être à la poursuite de
Be all for	454	Prendre fait et cause pour
Be allies with	443	Faire cause commune avec
Be an integral part of	496	Faire corps avec
Be angry with	96	Faire la tête à
Be answerable for	290	Être pour beaucoup dans
Be antagonistic toward	234	Prendre parti contre
Be antagonistic toward	588	Mettre opposition à
Be anxious about	652	Être en peine de
Be appreciative of	579	Savoir gré de
Be ashamed of	203	Avoir honte de
Be at grips with	265	Être aux prises avec
Be at odds with	611	Se prendre de querelle avec
Be at the disposal of	72	Être à la disposition de
Be at the end of	129	Être à bout de
Be at the head of	156	Être à la tête de
Be at the mercy of	255	Être à la merci de
Be aware of	4	Être au courant de
Be aware of	102	Avoir conscience de
Be aware of	338	Avoir connaissance de
Be beholden to	221	Avoir des obligations envers
Be bent on	381	Avoir à cœur de
Be beyond the understanding of	638	Être au-dessus de la portée de
Be capable of	22	Être capable de
Be capable of	177	Être de taille à

ENGLISH	FREQ.	FRENCH
Be capable of	399	Être homme à
Be capable of	465	Avoir la faculté de
Be careful of	140	Prendre garde à
Be careful of	24	Faire attention à
Be careful to	278	Avoir la prudence de
Be careful to	367	Avoir soin de
Be careful to	682	Avoir garde de
Be certain of	7	Être sûr de
Be close to	250	Être à la veille de
Be closely united with	496	Faire corps avec
Be cognizant of	23	Se rendre compte de
Be cold toward	181	Être en froid avec
Be commissioned to	674	Avoir mission de
Be conscious of	102	Avoir conscience de
Be considered to be good form to	453	Être de bon ton de
Be content with	408	Tirer satisfaction de
Be cool toward	181	Être en froid avec
Be deafening	605	Briser le tympan à
Be delighted to	489	Se faire une fête de
Be dependent on	463	Être sous la coupe de
Be difficult for	276	Donner de la peine à
Be displeased about	574	Faire grise mine à
Be dissatisfied with	227	Trouver à redire à
Be dominated by	256	Être esclave de
Be en route for	401	Être en marche pour
Be enthusiastic about	548	Avoir la rage de
Be entirely of the same opinion as	589	Abonder dans le sens de
Be entitled to	29	Avoir le droit de
Be entitled to	93	Avoir droit à
Be envious of (someone)	685	Porter envie à
Be equal to	121	Être à la hauteur de
Be equal to	165	Être en mesure de
Be equal with	214	Être au niveau de

ENGLISH	FREQ.	FRENCH
Be expert at	444	Être passé maître en
Be exposed to	539	Être en butte à
Be far from	550	Être à mille lieues de
Be far from	83	Être loin de
Be fearful of	11	Avoir peur de
Be first rate at	444	Être passé maître en
Be fit to	157	Être en état de
Be fond of	423	Avoir du penchant pour
Be for	315	Être d'avis de
Be for one's good to	266	Avoir avantage à
Be forgiven by	637	Rentrer en grâce auprès de
Be frightened	11	Avoir peur de
Be good enough to	327	Avoir la bonté de
Be good enough to	483	Avoir l'obligeance de
Be grateful for	544	Faire ses remerciements pour
Be grateful for	560	Rendre grâces à
Be grateful to a person for	579	Savoir gré de
Be guardian of	196	Avoir la garde de
Be happy to	312	Avoir le plaisir de
Be hard on	678	User de rigueur envers
Be headed for	431	Être en voie de
Be heading for	401	Être en marche pour
Be high handed with	643	Tenir la bride haute à
Be highly adept at	444	Être passé maître en
Be hot on the trail of	438	Être aux trousses de
Be ill toward	398	Être mal disposé envers
Be in a . . . mood	635	Être en veine de . . .
Be in a bad humor toward	398	Être mal disposé envers
Be in a hurry to	104	Avoir hâte de
Be in a person's way	476	Couper le chemin à
Be in a position to	157	Être en état de
Be in a position to	165	Être en mesure de
Be in a position to	296	Être à même de

ENGLISH	FREQ.	FRENCH
Be in a position to	573	Être en position de
Be in a position to	600	Être en situation de
Be in agreement with	519	Être en harmonie avec
Be in bad taste	606	Être mal venu de
Be in cahoots with	323	Être de connivence avec
Be in cahoots with	587	Agir de connivence avec
Be in charge of	196	Avoir la garde de
Be in collusion with	645	Être d'intelligence avec
Be in command of	400	Être maître de
Be in communication with	176	Être en relations avec
Be in communication with	219	Être en rapport avec
Be in contact with	82	Être en contact avec
Be in contact with	258	Être en communication avec
Be in contrast with	448	Faire tache sur
Be in disagreement with	644	Être en contestation avec
Be in favor with	432	Être bien dans les papiers de
Be in favor with (a person)	671	Être en faveur auprès de
Be in good rapport with	519	Être en harmonie avec
Be in harmony with	519	Être en harmonie avec
Be in need of	12	Avoir besoin de
Be in need of	404	Être dans la nécessité de
Be in negotiations with	359	Être en négociations avec
Be in possession of	116	Être en possession de
Be in pursuit of	134	Être à la poursuite de
Be in quest of	342	Se mettre en quête de
Be in receipt of	344	Accuser réception de
Be in search of	142	Être à la recherche de
Be in the act of	9	Être en train de
Be in the dark about	473	Être dans l'ignorance de
Be in the good graces of	333	Être dans les bonnes grâces de
Be in the good graces of	432	Être bien dans les papiers de
Be in the good graces of	672	Trouver faveur auprès de
Be in the habit of	3	Avoir l'habitude de

ENGLISH	FREQ.	FRENCH
Be in the habit of	352	**Avoir coutume de**
Be in the habit of	383	**Avoir pour habitude de**
Be in the mood to	6	**Avoir envie de**
Be in the position of	406	**Se trouver dans le cas de**
Be in the service of	52	**Être au service de**
Be in touch with	82	**Être en contact avec**
Be in touch with	219	**Être en rapport avec**
Be in touch with	258	**Être en communication avec**
Be in vogue	671	**Être en faveur auprès de**
Be inappropriate	606	**Être mal venu de**
Be inclined to	78	**Avoir tendance à**
Be inclined to give support to	663	**Prendre feu pour**
Be incomprehensible	638	**Être au-dessus de la portée de**
Be indebted to	582	**Être en reste avec**
Be infatuated with	182	**Perdre la tête pour**
Be informed about	4	**Être au courant de**
Be jealous of	592	**Prendre ombrage de**
Be justified in	50	**Avoir raison de**
Be justified in	642	**Être fondé à**
Be lacking in	90	**Être à court de**
Be looking for	142	**Être à la recherche de**
Be marching toward	401	**Être en marche pour**
Be master of	400	**Être maître de**
Be merciful to	673	**Faire miséricorde à**
Be miles away from	550	**Être à mille lieues de**
Be moving toward	580	**Être en passe de**
Be near	190	**Être à deux doigts de**
Be nosy about	229	**Mettre le nez dans**
Be nowhere near	83	**Être loin de**
Be obligated to	108	**Être dans l'obligation de**
Be obligated to	221	**Avoir des obligations envers**
Be obliged to	108	**Être dans l'obligation de**
Be obliged to	404	**Être dans la nécessité de**

ENGLISH	FREQ.	FRENCH
Be of a disposition or nature to	433	Être de nature à
Be of age to	380	Être d'âge à
Be of service to	371	Prêter assistance à
Be of the opinion to	315	Être d'avis de
Be old enough to	380	Être d'âge à
Be on a par with	214	Être au niveau de
Be on bad terms with	181	Être en froid avec
Be on bad terms with	282	Être mal avec
Be on familiar terms with	270	Se permettre des familiarités avec
Be on familiar terms with	675	Être à tu et à toi avec
Be on good terms with	43	S'entendre bien avec
Be on good terms with	77	Être bien avec
Be on good terms with	122	Être en bons termes avec
Be on good terms with	269	Se mettre bien avec
Be on someone's heels	438	Être aux trousses de
Be on the best possible terms with	274	Être au mieux avec
Be on the brink of	190	Être à deux doigts de
Be on the eve of	250	Être à la veille de
Be on the fence about	427	Être à cheval sur
Be on the lookout for	142	Être à la recherche de
Be on the lookout for	289	Être à l'affût de
Be on the same level as	214	Être au niveau de
Be on the same level with	668	Être de niveau avec
Be on the track of	277	Être sur la trace de
Be on the trail of	277	Être sur la trace de
Be on the verge of	33	Être sur le point de
Be on the verge of	250	Être à la veille de
Be on the way to	431	Être en voie de
Be on the way to	580	Être en passe de
Be one step behind	438	Être aux trousses de
Be out of commission	180	Être hors d'état de
Be out of order	180	Être hors d'état de

ENGLISH	FREQ.	FRENCH
Be over someone's head	541	**Passer par-dessus la tête de**
Be painful to	242	**Faire peine à**
Be part of	57	**Faire partie de**
Be permitted the use of	583	**Avoir l'usage de**
Be polite	293	**Faire des politesses à**
Be prey to	439	**Être en proie à**
Be protected from	106	**Être à l'abri de**
Be proud to	441	**Se faire un honneur de**
Be ready to give up	129	**Être à bout de**
Be repulsed by	394	**Avoir de la répugnance pour**
Be resolute in or about	13	**Avoir le courage de**
Be responsible for	372	**Être cause de**
Be responsible for	475	**Avoir charge de**
Be revenged for	614	**Tirer vengeance de**
Be right about	50	**Avoir raison de**
Be safe from	106	**Être à l'abri de**
Be secretive about	572	**Faire mystère de**
Be security for	240	**Se porter garant de**
Be severe with	678	**User de rigueur envers**
Be sheltered from	106	**Être à l'abri de**
Be short of	90	**Être à court de**
Be silent about	361	**Ne pas souffler mot de**
Be smart enough to	247	**Avoir l'intelligence de**
Be so kind as to	327	**Avoir la bonté de**
Be so kind as to	483	**Avoir l'obligeance de**
Be sore	1	**Avoir mal à**
Be sorry about	452	**Être au regret de**
Be sorry for	336	**Se mordre les doigts de**
Be strict	538	**Faire la loi à**
Be strict about	427	**Être à cheval sur**
Be submissive	651	**Faire sa soumission à**
Be sure of	7	**Être sûr de**
Be susceptible to	297	**Être sujet à**
Be thankful to	560	**Rendre grâces à**

ENGLISH	FREQ.	FRENCH
Be the business of	236	Être l'affaire de
Be the butt of	539	Être en butte à
Be the cause of	372	Être cause de
Be the concern of	353	Être du ressort de
Be the darling of	622	Être la coqueluche de
Be the doer of someone's dirty work	657	Être l'âme damnée de
Be the easy mark of	508	Être la proie de
Be the first to . . . something (do)	665	Avoir la primeur de
Be the prey of	508	Être la proie de
Be the pride of	437	Faire l'orgueil de
Be the sort of man to	399	Être homme à
Be the very thing for	150	Faire l'affaire de
Be the victim of	508	Être la proie de
Be thought of as an equal	288	Traiter d'égal à égal avec
Be to one's advantage to	84	Avoir intérêt à
Be to one's advantage to	266	Avoir avantage à
Be tormented by	439	Être en proie à
Be uncommunicative with	572	Faire mystère de
Be undecided about	427	Être à cheval sur
Be under domination of	291	Être sous la dépendance de
Be under obligation to	582	Être en reste avec
Be under the influence of	636	Être sous l'empire de
Be under the orders of	115	Être sous les ordres de
Be under the rule of	636	Être sous l'empire de
Be under the thumb of	463	Être sous la coupe de
Be uneasy about	652	Être en peine de
Be unfaithful to	325	Faire des infidélités à
Be unforgiving toward	397	Tenir rigueur à
Be untrue to	325	Faire des infidélités à
Be unwilling to	138	Mettre de la mauvaise volonté à
Be up to	507	Être de force à
Be up to date on	4	Être au courant de

ENGLISH	FREQ.	FRENCH
Be using good manners	453	Être de bon ton de
Be vain of a thing	621	Tirer vanité de
Be victorious over	254	Remporter la victoire sur
Be violent with	499	Faire violence à
Be wedded to one's own opinion of	589	Abonder dans le sens de
Be well about	593	Être au fait de
Be well acquainted with	675	Être à tu et à toi avec
Be well up on	594	Être ferré sur
Be within reach of	91	Être à la portée de
Be within sight of	292	Être en vue de
Be worried about	652	Être en peine de
Bear a grudge against	243	Avoir une dent contre
Bear a grudge against	389	Garder rancune à
Bear the cost of	357	Se mettre en frais pour
Bearing on, have a	424	Avoir trait à
Beat someone to it	422	Couper l'herbe sous le pied à
Become accustomed to	38	Prendre l'habitude de
Become accustomed to	428	Prendre le pli de
Become acquainted with	46	Faire la connaissance de
Become acquainted with	223	Prendre connaissance de
Become aware	210	Prendre conscience de
Become cognizant of	210	Prendre conscience de
Become friends with	355	Se lier d'amitié avec
Become informed about	569	Prendre communication de
Become informed about	603	Obtenir communication de
Beg mercy from or compassion of	442	Demander grâce à
Beg one's pardon	133	Demander pardon à
Beginnings in, have its	555	Tirer son origine de
Begrudge	389	Garder rancune à
Behave badly toward	319	Avoir des torts envers
Beholden to, be	221	Avoir des obligations envers
Believe	664	Ajouter foi à
Believe in	447	Avoir foi en

ENGLISH	FREQ.	FRENCH
Belong to	57	Faire partie de
Bend under the authority of	639	Plier sous l'autorité de
Benefit from	500	Recueillir les fruits de
Benefit from	558	Trouver son compte à
Bent on, be	381	Avoir à coeur de
Best of, make the	347	Prendre son parti de
Best of, make the	498	Faire bonne mine à
Betray someone's trust or confidence	411	Tromper la confiance de
Beware of	140	Prendre garde à
Beyond the understanding of, be	638	Être au-dessus de la portée de
Bicker with	611	Se prendre de querelle avec
Bid goodbye to	195	Prendre congé de
Big thing over, make a	488	Faire grand cas de
Birth to, give	322	Donner le jour à
Bit the dust, cause that someone	568	Faire mordre la poussiére à
Black looks to, give	574	Faire grise mine à
Blame on, lay the	170	Donner tort à
Blame on, lay the	335	Mettre sur le compte de
Blame on, lay the	360	Jeter la pierre à
Block someone's path	476	Couper le chemin à
Block the way of	137	Barrer la route à
Blows with, come to	193	En venir aux mains avec
Boast of	654	Mettre sa gloire à
Bone to pick with, have a	619	Avoir maille à partir avec
Books, enter into the	696	Passer écriture de
Bother	31	Casser les pieds à
Box someone's ears	597	Frotter les oreilles à
Box the ears of	98	Donner une gifle à
Brain over, rack one's	248	Se casser la tête sur
Break off all dealings with	554	Rompre tout commerce avec

ENGLISH	FREQ.	FRENCH
Break one's eardrums	605	**Briser le tympan à**
Breathe a word of, not	361	**Ne pas souffler mot de**
Bridle	375	**Mettre un frein à**
Bring bad luck to	54	**Porter malheur à**
Bring charges against	65	**Porter plainte contre**
Bring help to	139	**Porter secours à**
Bring oneself up to date on	47	**Se mettre au courant de**
Bring suit against	161	**Faire un procès à**
Bring to light	543	**Faire le jour sur**
Bring up to date on	69	**Mettre au courant de**
Bring up to date on	602	**Mettre au fait de**
Brink of, be on the	190	**Être à deux doigts de**
Burden of, lighten the	487	**Faire la partie belle à**
Burden to or on, be a	521	**Être à charge à**
Burst or rush into	421	**Faire irruption dans**
Business of, be the	236	**Être l'affaire de**
Butt of, be the	539	**Être en butte à**
By chance, learn about	537	**Avoir vent de**

C

Cahoots with, be in	323	**Être de connivence avec**
Cahoots with, be in	587	**Agir de connivence avec**
Call attention to	467	**Faire mention de**
Call one's attention to	211	**Faire observer à**
Call one's attention to	518	**Appeler l'attention sur**
Call upon	18	**Rendre visite à**
Call upon	109	**Faire appel à**
Calm down	294	**Faire baisser le ton à**
Candor to, have the	113	**Avoir la franchise de**
Capable of, be	22	**Être capable de**
Capable of, be	121	**Être à la hauteur de**
Capable of, be	177	**Être de taille à**
Capable of, be	399	**Être homme à**

ENGLISH	FREQ.	FRENCH
Capable of, be	465	**Avoir la faculté de**
Care about, not	679	**N'avoir cure de**
Care of, take	49	**Prendre soin de**
Care of, take	169	**Se donner de la peine pour**
Care to, take	278	**Avoir la prudence de**
Care to, take	367	**Avoir soin de**
Care to, take	475	**Avoir charge de**
Care to, take	682	**Avoir garde de**
Careful of, be	24	**Faire attention à**
Careful of, be	140	**Prendre garde à**
Careful to, be	278	**Avoir la prudence de**
Careful to, be	367	**Avoir soin de**
Careful to, be	682	**Avoir garde de**
Carry out	379	**Donner suite à**
Cast a shadow on	376	**Porter atteinte à**
Cast a shadow on	414	**Porter ombrage à**
Cast a spell on	461	**Jeter un sort sur**
Cast one's eyes (favorably) on someone	504	**Jeter les yeux sur**
Cause	339	**Donner lieu à**
Cause	372	**Être cause de**
Cause discomfort	123	**Faire mal à**
Cause embarrassment to	418	**Causer de l'embarras à**
Cause hardship to or for	521	**Être à charge à**
Cause many problems for	436	**En faire voir de belles à**
Cause misfortune	54	**Porter malheur à**
Cause of, be the	372	**Être cause de**
Cause of, espouse the	683	**Épouser la querelle de**
Cause of, take up the	454	**Prendre fait et cause pour**
Cause pain	123	**Faire mal à**
Cause problems for	213	**Rendre la vie dure à**
Cause that someone bite the dust	568	**Faire mordre la poussière à**
Cause to be infatuated	172	**Tourner la tête à**

ENGLISH	FREQ.	FRENCH
Cause to cease	478	Mettre le holà à
Cause to feel	101	Faire sentir à
Cause to feel sorry for	74	Faire pitié à
(Cause to) loosen one's tongue	585	Délier la langue à
Cause trouble for	418	Causer de l'embarras à
Cease, cause to	478	Mettre le holà à
Certain of, be	7	Être sûr de
Challenge to	368	Mettre au défi de
Champion	581	Faire l'apologie de
Chance to, have the	35	Avoir l'occasion de
Chance, give someone else the	525	Passer la main à
Chances with, take	197	Courir le risque de
Character, expose in its true	692	Faire poser le masque à
Charge of, have	475	Avoir charge de
Charge of, take	545	Faire son affaire de
Charge, clear from a	581	Faire l'apologie de
Choose	529	Jeter son dévolu sur
Claim the rights to	484	Avoir des prétentions sur
Claim to	97	Avoir la prétention de
Clash with	448	Faire tache sur
Clean sweep of, make a	410	Faire table rase de
Clear from a charge	581	Faire l'apologie de
Clear of, keep	185	Se tenir à l'écart de
Clear up	456	Faire la lumière sur
Close one's eyes to	143	Fermer les yeux sur
Close to, be	250	Être à la veille de
Cognizant of, be	23	Se rendre compte de
Cognizant of, become	210	Prendre conscience de
Collide with	298	Entrer en collision avec
Collusion with, act in	587	Agir de connivence avec
Collusion with, be in	645	Être d'intelligence avec
Come to a decision regarding	215	Porter un jugement sur
Come to agreement	238	Tomber d'accord sur

ENGLISH	FREQ.	FRENCH
Come to an agreement with	86	**Se mettre d'accord avec**
Come to blows with	193	**En venir aux mains avec**
Come to someone's assistance	627	**Prêter la main à**
Come to the aid of	350	**Prêter son concours à**
Come to the aid of	139	**Porter secours à**
Come to the aid of	99	**Venir en aide à**
Come to the end of	305	**Arriver au terme de**
Come to the end or close of	201	**Venir à bout de**
Command of, be in	400	**Être maître de**
Command respect of or from	317	**Imposer le respect à**
Commerce with, cut off	554	**Rompre tout commerce avec**
Commission, be out of	180	**Être hors d'état de**
Commissioned to, be	674	**Avoir mission de**
Commit an affront	598	**Faire offense à**
Common cause, have a	443	**Faire cause commune avec**
Communication with, be in	176	**Être en relations avec**
Company with, keep	76	**Tenir compagnie à**
Compare with	677	**Faire comparaison de**
Compassion for, have	607	**Avoir de la compassion pour**
Compassion of, beg mercy from or	442	**Demander grâce à**
Compel or summon a person to do something	553	**Mettre en demeure de**
Competence of, fall within the	353	**Être du ressort de**
Compliment	293	**Faire des politesses à**
Compliment	590	**Faire ses félicitations à**
Compliment to, pay a	641	**Rendre honneur à**
Comply with	379	**Donner suite à**
Concern of, be the	353	**Être du ressort de**
Concessions to, make	173	**Faire des concessions à**
Conclude	87	**Mettre fin à**
Concur with	16	**Être d'accord avec**
Conduct an inspection of	515	**Faire la revue de**
Confide a secret to	114	**Confier un secret à**

ENGLISH	FREQ.	FRENCH
Confide in	92	Faire ses confidences à
Confidence in, have	25	Faire confiance à
Confidence in, have	34	Avoir confiance en
Confidence, give	205	Donner confiance à
Confront	174	Faire face à
Confront	486	Faire front à
Congratulations, offer	524	Adresser des compliments à
Congratulations, offer one's	590	Faire ses félicitations à
Connive with	323	Être de connivence avec
Conscience, make something a point of	684	Se faire une religion de
Conscious of, be	102	Avoir conscience de
Consent to, give one's	697	Donner les mains à
Consider	434	Faire état de
Consider hopeless	129	Être à bout de
Consider important	21	Attacher de l'importance à
Consider it a duty to	300	Se faire un devoir de
Consider it a treat to	489	Se faire une fête de
Consider oneself duty bound to	578	Croire de son devoir de
Consider the opinion of	547	Prendre avis de
Consideration, take into	45	Tenir compte de
Consideration, take into	264	Faire la part de
Consideration, take into	680	Avoir égard à
Constrain	131	Forcer la main à
Consult	466	Prendre conseil de
Contact	149	Prendre contact avec
Contact	183	Se mettre en rapport avec
Contact with, be in	258	Être en communication avec
Contact with, be in	176	Être en relations avec
Contact with, be in	82	Être en contact avec
Contact with, make	334	Se mettre en communication avec
Contempt for, have	268	Avoir du mépris pour

ENGLISH	FREQ.	FRENCH
Contempt, hold in	268	**Avoir du mépris pour**
Contend with	193	**En venir aux mains avec**
Content with, be	408	**Tirer satisfaction de**
Continuation of, be a	540	**Faire suite à**
Contradict	471	**Prendre le contre-pied de**
Contradict	562	**Infliger un démenti à**
Contrast with, be in	448	**Faire tache sur**
Contribute largely to	290	**Être pour beaucoup dans**
Control over, exercise	306	**Exercer un contrôle sur**
Control over, maintain	565	**Avoir prise sur**
Conversation with, enter into a	517	**Entrer en conversation avec**
Conversation with, strike up a	356	**Lier conversation avec**
Conversation with, strike up a	517	**Entrer en conversation avec**
Copy of, make a	449	**Prendre copie de**
Correspond with	387	**Être en correspondance avec**
Cost of, bear the	357	**Se mettre en frais pour**
Counsel from, seek	128	**Demander conseil à**
Counsel with	466	**Prendre conseil de**
Count as lost	509	**Faire une croix sur**
Counter to, run	330	**Aller à l'encontre de**
Courage to, have the	13	**Avoir le courage de**
Course of, regulate the	545	**Faire son affaire de**
Court	246	**Faire la cour à**
Courteous to	293	**Faire des politesses à**
Credence to, add	695	**Ajouter créance à**
Credence to, give	271	**Prêter l'oreille à**
Credit to, do	283	**Faire honneur à**
Credit to, give	664	**Ajouter foi à**
Credit to, give	695	**Ajouter créance à**
Criticize	391	**Faire le procès de**
Cross off	509	**Faire une croix sur**
Cross the threshold of or into	536	**Franchir le seuil de**
Cuff	98	**Donner une gifle à**

ENGLISH	FREQ.	FRENCH
Curb	375	Mettre un frein à
Curiosity about, arouse	577	Piquer la curiosité de
Cut a person short	532	Rabattre le caquet de
Cut in	64	Couper la parole à
Cut off commerce with	554	Rompre tout commerce avec
Cut off passage	476	Couper le chemin à
Cut off the support of	261	Couper les vivres à
Cut short	279	Couper court à
Cut the figure of	341	Faire figure de
Cut the grass from under someone's feet	422	Couper l'herbe sous le pied à

D

Damage	68	Faire du tort à
Dare	368	Mettre au défi de
Dark about, be in the	473	Être dans l'ignorance de
Darling of, be the	622	Être la coqueluche de
Date on, bring up to	602	Mettre au fait de
Date with, make a	15	Donner rendez-vous à
Date with, make a	126	Prendre rendez-vous avec
Deaf ear to, turn a	230	Faire la sourde oreille à
Deaf ear to, turn a	618	Faire fi de
Deal illicitly in	194	Faire le trafic de
Deal the final blow or finishing stroke to	378	Donner le coup de grâce à
Deal with, have to	26	Avoir affaire à
Dealings with, break off all	554	Rompre tout commerce avec
Dealings with, have unpleasant	656	Avoir des démêlés avec
Dealings with, have (secret)	689	Avoir des intelligences avec
Death blow to, give the	378	Donner le coup de grâce à
Deceive	166	Jouer un mauvais tour à
Deceive	324	Faire illusion à
Decide	212	Prendre le parti de
Decide against	170	Donner tort à

ENGLISH	FREQ.	FRENCH
Decide to	75	**Prendre la décision de**
Decision regarding, come to a	215	**Porter un jugement sur**
Decision to, make a	75	**Prendre le décision de**
Defy	368	**Mettre au défi de**
Defy, haughtily	700	**Faire nargue à**
Delighted to, be	489	**Se faire une fête de**
Deliver	322	**Donner le jour à**
Delivery on, take	505	**Prendre livraison de**
Delude	166	**Jouer un mauvais tour à**
Demand satisfaction for	669	**Demander raison de**
Demean	559	**Faire affront à**
Demonstrate	79	**Faire preuve de**
Dependent on, be	463	**Être sous la coupe de**
Designs on, have	646	**Avoir des desseins sur**
Desist from	189	**Dire adieu à**
Despise something	618	**Faire fi de**
Destruction of, pledge the	462	**Jurer la perte de**
Develop a taste for	217	**Prendre goût à**
Difficult for, be	276	**Donner de la peine à**
Difficult for, make life	213	**Rendre la vie dure à**
Difficulty in, experience	105	**Avoir de la peine à**
Difficulty in, experience	235	**Éprouver de la difficulté à**
Difficulty with, have	28	**Avoir du mal à**
Dirty trick on, play a	166	**Jouer un mauvais tour à**
Disagreement with, be in	644	**Être en contestation avec**
Discharge	249	**Donner congé à**
Discharge	563	**Donner son compte à**
Disclose	661	**Arracher le masque à**
Discomfort, cause	123	**Faire mal à**
Discretion, leave to someone's	528	**S'en remettre à la discrétion de**
Discussion with, have a frank	120	**Avoir une explication avec**
Disgrace	152	**Faire honte à**
Dislike	457	**Avoir de l'aversion pour**

ENGLISH	FREQ.	FRENCH
Dislike for, have a	394	**Avoir de la répugnance pour**
Dismiss	249	**Donner congé à**
Dismiss	386	**Donner ses huit jours à**
Dismiss	563	**Donner son compte à**
Dispatch	485	**Faire l'envoi de**
Display	307	**Faire étalage de**
Display	647	**Faire montre de**
Display irritation against	574	**Faire grise mine à**
Displeased about, be	574	**Faire grise mine à**
Displeased, look	690	**Faire la mine à**
Displeasure, show	232	**Faire les gros yeux à**
Disposal of, at the	115	**Être sous les ordres de**
Disposal of, be at the	72	**Être à la disposition de**
Disposal of, put oneself or be at the	111	**Se mettre à la disposition de**
Disposition for, have a (strong)	59	**Avoir la manie de**
Disposition or nature to, be of a	433	**Être de nature à**
Dispute with, have a	619	**Avoir maille à partir avec**
Disregard	402	**Faire abstraction de**
Disregard	450	**Faire peu de cas de**
Dissatisfied with, be	227	**Trouver à redire à**
Distance with, walk a short	609	**Faire un brin de conduite à**
Distress	56	**Faire de la peine à**
Distress	242	**Faire peine à**
Do (something) ahead of time	604	**Prendre de l'avance sur**
Do a favor for	10	**Rendre service à**
Do an injustice to	68	**Faire du tort à**
Do away with the risk of	326	**Supprimer le risque de**
Do credit to	283	**Faire honneur à**
Do good for	55	**Faire du bien à**
Do harm	44	**Faire du mal à**
Do homage to	610	**Faire hommage à**
Do injury to	286	**Porter préjudice à**
Do justice to	275	**Rendre justice à**

ENGLISH	FREQ.	FRENCH
Do justice to	283	**Faire honneur à**
Do justice to	530	**Faire justice à**
Do one's utmost for	192	**Se mettre en quatre pour**
Do research on	70	**Faire des recherches sur**
Do right to	100	**Faire bien de**
Do something, order someone to	419	**Donner ordre de**
Do the honors of	464	**Faire les honneurs de**
Do violence to	499	**Faire violence à**
Do well to	100	**Faire bien de**
Do with, have a lot to	290	**Être pour beaucoup dans**
Doer of someone's dirty work, be the	657	**Être l'âme damnée de**
Domination of, be under	291	**Être sous la dépendance de**
Donation of, make a	666	**Faire l'octroi de**
Door on, slam the	136	**Fermer la porte au nez de**
Doubts about, have	649	**Avoir des doutes sur**
Down, quiet	294	**Faire baisser le ton à**
Downfall of, swear the	462	**Jurer la perte de**
Draw the line on	375	**Mettre un frein à**
Dream of, never	550	**Être à mille lieues de**
Drop a hint	591	**Toucher un mot de**
Drop a line to	32	**Envoyer un mot**
Dust, cause that someone bite the	568	**Faire mordre la poussière à**
Duty bound to, consider oneself	578	**Croire de son devoir de**
Duty to, consider it a	300	**Se faire un devoir de**
Duty to, make it one's	688	**Prendre à tâche de**
Duty to, think it one's	578	**Croire de son devoir de**

E

Ear to, lend an	271	**Prêter l'oreille à**
Ear to, lend an	631	**Ouvrir l'oreille à**
Eardrums, break one's	605	**Briser le tympan à**
Ears of, box the	98	**Donner une gifle à**
Ears, box someone's	597	**Frotter les oreilles à**

ENGLISH	FREQ.	FRENCH
Ease	535	Donner du jeu à
Easy for, make it	487	Faire la partie belle à
Easy mark of, be the	508	Être la proie de
Effect (on feelings or emotions), produce an	199	Faire impression sur
Effort for, spare no	192	Se mettre en quatre pour
Effort to, make an	497	Faire effort pour
Effort to, make the	151	Faire l'effort de
Eliminate the risk of	326	Supprimer le risque de
Embarrass	332	Faire un affront à
Embarrassed about, feel	203	Avoir honte de
Embarrassment to, cause	418	Causer de l'embarras à
Embrace	549	Donner l'accolade à
En route for, be	401	Être en marche pour
Enable to	576	Mettre à même de
End of, come to the	305	Arriver au terme de
End or close of, come to the	201	Venir à bout de
End to, put an	87	Mettre fin à
End to, put an	252	Mettre un terme à
End to, put an	492	Mettre bon ordre à
Energy to, have the	507	Être de force à
Enjoy	200	Se faire un plaisir de
Enjoy	216	Prendre plaisir à
Enjoy special favor with	333	Être dans les bonnes grâces de
Enjoy the fruits of	500	Recueillir les fruits de
Enough of it, have had	390	Ne pas demander son reste
Enter into a conversation with	517	Entrer en conversation avec
Enter into negotiations with	416	Entrer en pourparlers avec
Enter into the books	696	Passer écriture de
Enthusiastic about, be	548	Avoir la rage de
Entitled to, be	29	Avoir le droit de
Envious of (someone), be	685	Porter envie à
Equal to, be	121	Être à la hauteur de

ENGLISH	FREQ.	FRENCH
Equal to, be	165	Être en mesure de
Equal with, be	214	Être au niveau de
Equal, be thought of as an	288	Traiter d'égal à égal avec
Equal, treat as an	288	Traiter d'égal à égal avec
Escape with no further harm than	245	En être quitte pour
Escort	624	Faire escorte à
Escort with, send an	624	Faire escorte à
Espouse the cause of	683	Épouser la querelle de
Esteem, hold in high	127	Avoir de l'estime pour
Esteem, hold in high	472	Être à l'épreuve de
Esteem, hold in high	635	Être en veine de ...
Esteem, hold in high	665	Avoir la primeur de
Evasive	572	Faire mystère de
Eve of, be on the	250	Être à la veille de
Even with, be	668	Être de niveau avec
Even with, get	167	Regler son compte à
Examine	515	Faire la revue de
Example of, follow the	178	Prendre exemple sur
Example, use as an	178	Prendre exemple sur
Exceed propriety	506	Franchir les bornes de
Exceed the limits of	506	Franchir les bornes de
Excuse oneself from	118	Faire excuses à
Excuse, use as an	388	Prendre prétexte de
Exercise control over	306	Exercer un contrôle sur
Expense of or to, go to the	357	Se mettre en frais pour
Experience difficulty in	105	Avoir de la peine à
Experience difficulty in	235	Éprouver de la difficulté à
Experience in, have	103	Avoir l'expérience de
Expert at, be	444	Être passé maître en
Explanation of, ask for an	669	Demander raison de
Expose	543	Faire le jour sur
Expose in its true character	692	Faire poser le masque à
Exposed to, be	539	Être en butte à

ENGLISH	FREQ.	FRENCH
Express gratitude to	544	**Faire ses remerciements pour**
Extend amnesty to	440	**Faire grâce à**
Extend help to	415	**Offrir son concours à**
Extend tempting terms to	615	**Faire un pont d'or à**
Eye on, keep an	626	**Avoir l'oeil sur**
Eyes (favorably) on someone, cast one's	504	**Jeter les yeux sur**
Eyes at, make	231	**Faire les yeux doux à**
Eyes for, only have	251	**N'avoir d'yeux que pour**
Eyes on, have one's	321	**Avoir des vues sur**
Eyes on, keep one's	320	**Avoir les yeux sur**
Eyes to, close one's	143	**Fermer les yeux sur**
Eyes to, open one's	285	**Ouvrir les yeux sur**

F

Face at, make a	690	**Faire la mine à**
Face boldly	486	**Faire front à**
Face of, slap the	98	**Donner une gifle à**
Face up to	174	**Faire face à**
Faces at, make	435	**Faire la grimace à**
Facilitate the task for	445	**Mâcher la besogne à**
Fail in	599	**Faire défaut à**
Faith in, have	447	**Avoir foi en**
Fall in love with	63	**Tomber amoureux de**
Fall into step with	421	**Emboîter le pas à**
Fall into the hands of	160	**Tomber dans les mains de**
Fall into the hands of	417	**Tomber au pouvoir de**
Fall short in	599	**Faire défaut à**
Fall under the power of	417	**Tomber au pouvoir de**
Fall within the competence of	353	**Être de ressort de**
Falling out with, have a	491	**Se mettre mal avec**
Familiar terms with, be on	270	**Se permettre des familiarités avec**
Familiar terms with, be on	675	**Être à tu et à toi avec**

ENGLISH	FREQ.	FRENCH
Familiarity, treat with great	660	**Taper sur le ventre à**
Far from, be	83	**Être loin de**
Far from, be	550	**Être à mille lieues de**
Fashion for, set the	516	**Donner le ton à**
Fault with, find	227	**Trouver à redire à**
Favor	281	**Donner la préférence à**
Favor again, get into	637	**Rentrer en grâce auprès de**
Favor for, do a	10	**Rendre service à**
Favor with, be in	432	**Être bien dans les papiers de**
Favor with (a person), be in	671	**Être en faveur auprès de**
Favor with, enjoy special	333	**Être dans les bonnes grâces de**
Favor with, find	672	**Trouver faveur auprès de**
Favorite of, be a great	622	**Être la coqueluche de**
Favors of, seek the	246	**Faire la cour à**
Fear for	363	**Avoir peur pour**
Fearful of, be	11	**Avoir peur de**
Feel an aversion toward	27	**Avoir horreur de**
Feel embarrassed about	203	**Avoir honte de**
Feel for, have a	103	**Avoir l'expérience de**
Feel hatred toward	670	**Porter de la haine à**
Feel honored to	441	**Se faire un honneur de**
Feel inclined to	687	**Avoir de l'inclination pour**
Feel like	6	**Avoir envie de**
Feel like, (+ gerund)	507	**Être de force à**
Feel regret or sympathy for	452	**Être au regret de**
Feel sorry for	36	**Avoir pitié de**
Feelings of, hurt the	570	**Faire outrage à**
Fight against	162	**Faire la guerre à**
Fight over	193	**En venir aux mains avec**
Fight with, start a	329	**Chercher dispute à**
Figure of, cut the	341	**Faire figure de**
Find a way or means to	262	**Trouver moyen de**

ENGLISH	FREQ.	FRENCH
Find fault with	227	**Trouver à redire à**
Find favor with	672	**Trouver faveur auprès de**
Find oneself in a position to	406	**Se trouver dans le cas de**
Find out about	603	**Obtenir communication de**
Find pleasure in	358	**Trouver son plaisir à**
Find satisfaction in	408	**Tirer satisfaction de**
Finish	201	**Venir à bout de**
Finish	305	**Arriver au terme de**
Finishing stroke to, deal the final blow or	378	**Donner le coup de grâce à**
Finishing touches, put on the	490	**Mettre la dernière main à**
Fire	249	**Donner congé à**
Fire	386	**Donner ses huit jours à**
First rate at, be	444	**Être passé maître en**
First to . . . something (do, be)	665	**Avoir la primeur de**
Fist at, shake one's	420	**Montrer le poing à**
Fit to, be	157	**Être en état de**
Fix one's sights on	321	**Avoir des vues sur**
Flirt with	596	**Conter fleurette à**
Floor over to, turn the	224	**Céder la parole à**
Floor to, give the	147	**Donner la parole à**
Focus one's attention on	220	**Fixer son attention sur**
Follow in the footsteps of	218	**Suivre les traces de**
Follow in the footsteps of	407	**Marcher sur les pas de**
Follow in the footsteps of	421	**Emboîter le pas à**
Follow the example of	178	**Prendre exemple sur**
Follow the lead of	421	**Emboîter le pas à**
Follow up	379	**Donner suite à**
Follow up on	540	**Faire suite à**
Fond of, be	423	**Avoir du penchant pour**
Footsteps of, follow in the	218	**Suivre les traces de**
Footsteps of, follow in the	407	**Marcher sur les pas de**
Footsteps of, follow in the	421	**Emboîter le pas à**

ENGLISH	FREQ.	FRENCH
Force someone's hand	131	**Forcer la main à**
Forever, give up	509	**Faire une croix sur**
Forgiven by, be	637	**Rentrer en grâce auprès de**
Forgiveness of, ask	133	**Demander pardon à**
Free admission, have	430	**Avoir ses entrées chez**
Free to, leave	474	**Laisser maître de**
Freely, indulge in too	551	**Faire abus de**
Friends with, make	355	**Se lier d'amitié avec**
Friends with, make	526	**Se prendre d'amitié avec**
Friendship to, give	681	**Porter amitié à**
Frightened of, be	11	**Avoir peur de**
Fruits of, enjoy the	500	**Recueillir les fruits de**
Fun of, make	148	**Se payer la tête de**

G

Gaze at	481	**Porter les regards sur**
Get a head start on	604	**Prendre de l'avance sur**
Get ahead of	604	**Prendre de l'avance sur**
Get along well with	43	**S'entendre bien avec**
Get along well with	77	**Être bien avec**
Get along well with	269	**Se mettre bien avec**
Get along with	122	**Être en bons termes avec**
Get along with, not	282	**Être mal avec**
Get even with	167	**Régler son compte à**
Get in an argument with	329	**Chercher dispute à**
Get in touch with	149	**Prendre contact avec**
Get in touch with	183	**Se mettre en rapport avec**
Get in touch with	334	**Se mettre en communication avec**
Get interested in	425	**Prendre intérêt à**
Get into an argument with	655	**Se prendre de bec avec**
Get into favor again	637	**Rentrer en grâce auprès de**

ENGLISH	FREQ.	FRENCH
Get into the habit of	38	Prendre l'habitude de
Get into the hands of	160	Tomber dans les mains de
Get into the routine of	428	Prendre le pli de
Get on badly with	491	Se mettre mal avec
Get on one's nerves	31	Casser les pieds à
Get on the nerves of	155	Taper sur les nerfs à
Get rid of	410	Faire table rase de
Get satisfaction from	358	Trouver son plaisir à
Get something out of	558	Trouver son compte à
Get wind of	537	Avoir vent de
Gift of, make a	365	Faire don de
Gift, offer as a	95	Faire cadeau de
Give a helping hand to	198	Tendre le main à
Give a lecture to	110	Faire la morale à
Give a piece of one's mind to	459	Dire ses vérités à
Give access to	280	Donner accès à
Give alms	495	Faire l'aumône de
Give alms to	272	Faire la charité à
Give an account of	130	Faire le compte rendu de
Give an account of	693	Rendre raison de
Give an audience to	451	Donner audience à
Give an ovation	458	Faire une ovation à
Give approval of	512	Donner son assentiment à
Give assistance to	350	Prêter son concours à
Give birth to	322	Donner le jour à
Give black looks to	574	Faire grise mine à
Give confidence	205	Donner confiance à
Give credence to	271	Prêter l'oreille à
Give credit to	664	Ajouter foi à
Give credit to	695	Ajouter créance à
Give free reign to	257	Donner libre cours à
Give friendship to	681	Porter amitié à

ENGLISH	FREQ.	FRENCH
Give full vent to	257	**Donner libre cours à**
Give help to	99	**Venir en aide à**
Give license to	691	**Donner l'essor à**
Give much trouble to	436	**En faire voir de belles à**
Give notice to	648	**Donner avis à**
Give offense to	332	**Faire un affront à**
Give offense to	598	**Faire offense à**
Give one's consent to	697	**Donner les mains à**
Give one's consent to or for	512	**Donner son assentiment à**
Give one's greeting to	299	**Faire ses amitiés à**
Give one's hand in marriage	640	**Donner sa main à**
Give one's seat to	88	**Céder la place à**
Give one's word to	206	**Donner sa parole à**
Give orders to	419	**Donner ordre de**
Give play to	535	**Donner du jeu à**
Give preference to	281	**Donner la préférence à**
Give proof of	79	**Faire preuve de**
Give reason to	686	**Donner lieu de**
Give rise to	339	**Donner lieu à**
Give rise to	503	**Donner prise à**
Give rise to	686	**Donner lieu de**
Give satisfaction for	693	**Rendre raison de**
Give someone a good reception	477	**Faire bon visage à**
Give someone else the chance	525	**Passer la main à**
Give someone notice	386	**Donner ses huit jours à**
Give someone the slip	153	**Fausser compagnie à**
Give something charitably	495	**Faire l'aumône de**
Give support to or votes for	429	**Donner ses suffrages à**
Give testimony of	73	**Être témoin de**
Give thanks for	544	**Faire ses remerciements pour**
Give the cold shoulder to	181	**Être en froid avec**
Give the death blow to	378	**Donner le coup de grâce à**
Give the floor to	147	**Donner la parole à**

ENGLISH	FREQ.	FRENCH
Give the pitch to	516	**Donner le ton à**
Give tit for tat	373	**Renvoyer la balle à**
Give trouble to	276	**Donner de la peine à**
Give up	189	**Dire adieu à**
Give up forever	509	**Faire une croix sur**
Give up, be ready to	129	**Être à bout de**
Give way to	146	**Se laisser aller à**
Give way to	191	**Faire place à**
Give way to	691	**Donner l'essor à**
Glance over	60	**Jeter un coup d'oeil sur**
Glory in	561	**Tirer gloire de**
Glory in	654	**Mettre sa gloire à**
Go a ways with	468	**Faire route avec**
Go after	698	**Courir sus à**
Go against	330	**Aller à l'encontre de**
Go bail for someone	633	**Se porter caution pour**
Go in search of	342	**Se mettre en quête de**
Go to meet	51	**Aller à la rencontre de**
Go to the aid of	30	**Aller au secours de**
Go to the expense of or to	357	**Se mettre en frais pour**
Go to the help of	30	**Aller au secours de**
Go to the rescue of	30	**Aller au secours de**
Go too far	506	**Franchir les bornes de**
Goal, have as a	328	**Avoir pour but de**
Good account, turn to	362	**Tirer parti de**
Good enough to, be	483	**Avoir l'obligeance de**
Good form to, be considered to be	453	**Être de bon ton de**
Good manners, be using	453	**Être de bon ton de**
Good terms with, be on	77	**Être bien avec**
Good terms with, be on	122	**Être en bons termes avec**
Good terms with, be on	269	**Se mettre bien avec**
Good to, be for one's	266	**Avoir avantage à**
Good use of, make	362	**Tirer parti de**

ENGLISH	FREQ.	FRENCH
Goodbye to, bid	195	**Prendre congé de**
Goodbye to, say	189	**Dire adieu à**
Graces of, be in the good	333	**Être dans les bonnes grâces de**
Graces of, be in the good	432	**Être bien dans les papiers de**
Graces of, be in the good	672	**Trouver faveur auprès de**
Grant pardon to	440	**Faire grâce à**
Grasp the meaning of	184	**Saisir le sens de**
Grass from under someone's feet, cut the	422	**Couper l'herbe sous le pied à**
Grateful for, be	544	**Faire ses remerciements pour**
Grateful for, be	560	**Rendre grâces à**
Grateful to a person for, be	579	**Savoir gré de**
Greeting to, give one's	299	**Faire ses amitiés à**
Grieve	56	**Faire de la peine à**
Grips with, be at	265	**Être aux prises avec**
Grounds for, have	642	**Être fondé à**
Grudge against, bear a	243	**Avoir une dent contre**
Grudge against, bear a	389	**Garder rancune à**
Guard, set on	534	**Donner l'éveil à**
Guardian of, be	196	**Avoir la garde de**

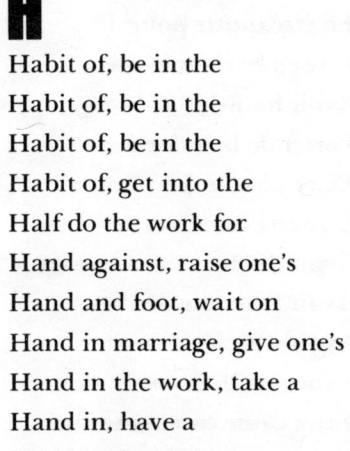

Habit of, be in the	3	**Avoir l'habitude de**
Habit of, be in the	352	**Avoir coutume de**
Habit of, be in the	383	**Avoir pour habitude de**
Habit of, get into the	38	**Prendre l'habitude de**
Half do the work for	445	**Mâcher la besogne à**
Hand against, raise one's	309	**Lever la main sur**
Hand and foot, wait on	331	**Être aux petits soins auprès de**
Hand in marriage, give one's	640	**Donner sa main à**
Hand in the work, take a	175	**Mettre la main à**
Hand in, have a	634	**Avoir part à**
Hand in, have no	8	**N'être pour rien dans**

ENGLISH	FREQ.	FRENCH
Hand on, lay a	377	**Porter la main sur**
Hand to, hold out a	304	**Tendre la perche à**
Hand, force someone's	131	**Forcer la main à**
Hand, lend a	371	**Prêter assistance à**
Hand, lend someone a	627	**Prêter la main à**
Handle carefully	369	**Mettre des gants pour**
Handle with kid gloves	369	**Mettre des gants pour**
Hands of, fall into the	160	**Tomber dans les mains de**
Hands of, fall into the	417	**Tomber au pouvoir de**
Hands of, get into the	160	**Tomber dans les mains de**
Hands of, play into the	244	**Faire le jeu de**
Hands of, tie the	511	**Lier les mains à**
Hands of, wash one's	308	**Se laver les mains de**
Hands on, lay	125	**Mettre la main sur**
Hands on, lay	302	**Faire main basse sur**
Happy, make	5	**Faire plaisir à**
Harbor misgivings	649	**Avoir des doutes sur**
Harbor resentment against	389	**Garder rancune à**
Hard at, work desperately	248	**Se casser la tête sur**
Hard on, be	678	**User de rigueur envers**
Hardship to or for, cause	521	**Être à charge à**
Harm than, escape with no further	245	**En être quitte pour**
Harmony with, be in	519	**Être en harmonie avec**
Haste, proceed with	104	**Avoir hâte de**
Hatred towards, feel	670	**Porter de la haine à**
Haughtily defy	700	**Faire nargue à**
Have (possess)	116	**Être en possession de**
Have (secret) dealings with	689	**Avoir des intelligences avec**
Have a (strong) disposition for	59	**Avoir la manie de**
Have a bearing on	424	**Avoir trait à**
Have a bone to pick with	619	**Avoir maille à partir avec**
Have a common cause	443	**Faire cause commune avec**

ENGLISH	FREQ.	FRENCH
Have a dislike for	394	**Avoir de la répugnance pour**
Have a dispute with	619	**Avoir maille à partir avec**
Have a falling out with	491	**Se mettre mal avec**
Have a feel for	103	**Avoir l'expérience de**
Have a frank discussion with	120	**Avoir une explication avec**
Have a good opinion of	318	**Avoir bonne opinion de**
Have a hand in	634	**Avoir part à**
Have a hold on	565	**Avoir prise sur**
Have a liking for	94	**Avoir un faible pour**
Have a liking for	260	**Avoir du goût pour**
Have a liking for	687	**Avoir de l'inclination pour**
Have a lot to do with	290	**Être pour beaucoup dans**
Have a mania for	59	**Avoir la manie de**
Have a passion for	548	**Avoir la rage de**
Have a penchant for	433	**Être de nature à**
Have a predisposition for	297	**Être sujet à**
Have a right to	93	**Avoir droit à**
Have a right to	642	**Être fondé à**
Have a share in	634	**Avoir part à**
Have a talk	120	**Avoir une explication avec**
Have a taste for	260	**Avoir du goût pour**
Have a tendency to	78	**Avoir tendance à**
Have a weakness for	94	**Avoir un faible pour**
Have access to	132	**Avoir accés à**
Have access to	430	**Avoir ses entrées chez**
Have admission to	132	**Avoir accés à**
Have an ache	1	**Avoir mal à**
Have an affair with	267	**Avoir une liaison avec**
Have an aversion to	457	**Avoir de l'aversion pour**
Have an idea of	66	**Se faire une idée de**
Have an in with	430	**Avoir ses entrées chez**
Have an influence on	40	**Avoir de l'influence sur**
Have an intimate relationship with	267	**Avoir une liaison avec**

ENGLISH	FREQ.	FRENCH
Have an understanding with	645	Être d'intelligence avec
Have as a goal	328	Avoir pour but de
Have aspirations for	484	Avoir des prétentions sur
Have charge of	475	Avoir charge de
Have compassion for	607	Avoir de la compassion pour
Have confidence in	25	Faire confiance à
Have confidence in	34	Avoir confiance en
Have contempt for	268	Avoir du mépris pour
Have designs on	646	Avoir des desseins sur
Have difficulty with	28	Avoir du mal à
Have doubts about	649	Avoir des doutes sur
Have experience in	103	Avoir l'expérience de
Have faith in	447	Avoir foi en
Have free admission	430	Avoir ses entrées chez
Have grounds for	642	Être fondé à
Have had enough of it	390	Ne pas demander son reste
Have in mind to	14	Avoir l'intention de
Have its beginnings in	555	Tirer son origine de
Have no hand in	8	N'être pour rien dans
Have no use for	382	N'avoir que faire de
Have nothing to do with	8	N'être pour rien dans
Have nothing to do with	382	N'avoir que faire de
Have one's eyes on	321	Avoir des vues sur
Have one's heart set on	381	Avoir à coeur de
Have or be of the same opinion as	107	Être de l'avis de
Have precedence over	658	Avoir le pas sur
Have problems with	58	Avoir des histoires avec
Have recourse to	225	Avoir recours à
Have reference to	424	Avoir trait à
Have respect for	188	Avoir du respect pour
Have rights, privileges to (for)	202	Avoir des droits sur
Have scruples about	494	Avoir scrupule à
Have the ability to	177	Être de taille à

ENGLISH	FREQ.	FRENCH
Have the ability to	400	Être maître de
Have the ability to	465	Avoir la faculté de
Have the affrontery to	628	Avoir la hardiesse de
Have the audacity to	628	Avoir la hardiesse de
Have the candor to	113	Avoir la franchise de
Have the chance to	35	Avoir l'occasion de
Have the courage to	13	Avoir le courage de
Have the custom of	3	Avoir l'habitude de
Have the energy to	507	Être de force à
Have the habit of	383	Avoir pour habitude de
Have the honor of	595	Avoir l'honneur de
Have the honor to	393	Avoir le privilège de
Have the impudence to	623	Avoir le front de
Have the intelligence to	247	Avoir l'intelligence de
Have the intention of	676	Avoir dessein de
Have the means to	85	Avoir les moyens de
Have the openness to	113	Avoir la franchise de
Have the opportunity to	35	Avoir l'occasion de
Have the practice of	3	Avoir l'habitude de
Have the presence of mind to	158	Avoir la présence d'esprit de
Have the privilege to	393	Avoir le privilège de
Have the right to	29	Avoir le droit de
Have to answer to	26	Avoir affaire à
Have to deal with	26	Avoir affaire à
Have to do with	413	Avoir rapport à
Have to do with	424	Avoir trait à
Have trouble	105	Avoir de la peine à
Have trouble with	28	Avoir du mal à
Have trouble with	58	Avoir des histoires avec
Have unpleasant dealings with	656	Avoir des démêlés avec
Head for	222	Prendre le chemin de
Head of, be at the	156	Être à la tête de
Head of, turn the	172	Tourner la tête à

ENGLISH	FREQ.	FRENCH
Head over, lose one's	182	**Perdre la tête pour**
Head start on, get a	604	**Prendre de l'avance sur**
Head, be over someone's	541	**Passer par-dessus la tête de**
Heading for, be	401	**Être en marche pour**
Hear, pretend not to	230	**Faire la sourde oreille à**
Heart of, win the	340	**Faire la conquête de**
Heart set on, have one's	381	**Avoir à coeur de**
Heed to, pay no	679	**N'avoir cure de**
Heels, be on someone's	438	**Être aux trousses de**
Hello to, say	314	**Donner le bonjour à**
Help	55	**Faire du bien à**
Help of, go to the	30	**Aller au secours de**
Help someone recall	204	**Rafraîchir la mémoire à**
Help someone succeed	575	**Donner un coup d'épaule à**
Help to, bring	139	**Porter secours à**
Help to, extend	415	**Offrir son concours à**
Help to, give	99	**Venir en aide à**
Help, render	371	**Prêter assistance à**
Helping hand to, give a	198	**Tendre la main à**
Helping hand to, lend a	39	**Donner un coup de main à**
Helping hand to, lend a	351	**Prêter main-forte à**
Helping hand to, offer a	304	**Tendre la perche à**
Hesitate to	494	**Avoir scrupule à**
High handed with, be	643	**Tenir la bride haute à**
High value on, set a	313	**Attacher du prix à**
Hinder	694	**Mettre empêchement à**
Hint, drop a	591	**Toucher un mot de**
Hold funeral rites for	612	**Rendre les derniers devoirs à**
Hold in contempt	268	**Avoir du mépris pour**
Hold in high esteem	127	**Avoir de l'estime pour**
Hold on, have a	565	**Avoir prise sur**
Hold one's own against	186	**Tenir tête à**

ENGLISH	FREQ.	FRENCH
Hold one's tongue	564	**Se mordre la langue de**
Hold out a hand to	304	**Tendre la perche à**
Homage to, do	610	**Faire hommage à**
Homage to, render	295	**Rendre hommage à**
Homage to, pay	310	**Présenter ses hommages à**
Homage to, pay	446	**Rendre les derniers honneurs à**
Honor	641	**Rendre honneur à**
Honor of, have the	595	**Avoir l'honneur de**
Honors of, do the	464	**Faire les honneurs de**
Honors to, pay the last	446	**Rendre les derniers honneurs à**
Hopeless, consider	129	**Être à bout de**
Hospitality from, ask	374	**Demander l'hospitalité à**
Hospitality to, offer	209	**Offrir l'hospitalité à**
Hug or kiss someone	549	**Donner l'accolade à**
Humiliate	559	**Faire affront à**
Hurry to, be in a	104	**Avoir hâte de**
Hurt	44	**Faire du mal à**
Hurt	123	**Faire mal à**
Hurt	242	**Faire peine à**
Hurt	409	**Causer un grand préjudice à**
Hurt the feelings of	570	**Faire outrage à**

I

Idea of, have an	66	**Se faire une idée de**
Ignore	143	**Fermer les yeux sur**
Ignore	226	**Tourner le dos à**
Ignore	230	**Faire la sourde oreille à**
Ill	319	**Avoir des torts envers**
Ill of, speak	67	**Dire du mal de**
Ill toward, be	398	**Être mal disposé envers**

ENGLISH	FREQ.	FRENCH
Ill will toward, show	138	Mettre de la mauvaise volonté à
Illicitly in, deal	194	Faire le trafic de
Imagine	66	Se faire une idée de
Imitate	218	Suivre les traces de
Importance to, attach	21	Attacher de l'importance à
Important, consider	21	Attacher de l'importance à
Impression on, make an	199	Faire impression sur
Impudence to, have the	623	Avoir le front de
Impute to	335	Mettre sur le compte de
In with, have an	430	Avoir ses entrées chez
Inappropriate, be	606	Être mal venu de
Inclined to, feel	687	Avoir de l'inclination pour
Incomprehensible, be	638	Être au-dessus de la portée de
Indebted to, be	582	Être en reste avec
Indignity, subject to	570	Faire outrage à
Indirect reference to, make	135	Faire allusion à
Indulge in too freely	551	Faire abus de
Infatuated with, be	182	Perdre la tête pour
Infatuated, cause to be	172	Tourner la tête à
Inflict injury on	409	Causer un grand préjudice à
Inflict injury or loss on	286	Porter préjudice à
Influence	565	Avoir prise sur
Influence of, be under the	636	Être sous l'empire de
Influence on, have an	40	Avoir de l'influence sur
Inform	124	Faire savoir à
Inform about	69	Mettre au courant de
Inform oneself about	47	Se mettre au courant de
Inform or advise of	163	Faire part de
Information about, obtain	569	Prendre communication de
Information on or about, obtain	112	Prendre des renseignements sur
Informed about, be	4	Être au courant de
Informed about, become	569	Prendre communication de

ENGLISH	FREQ.	FRENCH
Informed about, become	603	Obtenir communication de
Injure	44	Faire du mal à
Injure	376	Porter atteinte à
Injury on, inflict	409	Causer un grand préjudice à
Injury or loss on, inflict	286	Porter préjudice à
Injury to, do	286	Porter préjudice à
Injustice to, do an	68	Faire du tort à
Inquire into	223	Prendre connaissance de
Inscribe	696	Passer écriture de
Inspection of, conduct an	515	Faire la revue de
Inspire trust in	205	Donner confiance à
Inspire with respect	317	Imposer le respect à
Insult	332	Faire un affront à
Insult	571	Faire insulte à
Insult	598	Faire offense à
Insult someone	630	Adresser des insultes à
Integral part of, be an	496	Faire corps avec
Intelligence to, have the	247	Avoir l'intelligence de
Intend	676	Avoir dessein de
Intend to	14	Avoir l'intention de
Intention of, have the	676	Avoir dessein de
Interest in, take an	425	Prendre intérêt à
Interest, serve someone's	244	Faire le jeu de
Interfere in	229	Mettre le nez dans
Interrupt	64	Couper la parole à
Interrupt	279	Couper court à
Intimidate	405	Faire des menaces à
Investigate	70	Faire des recherches sur
Irritate	155	Taper sur les nerfs à

J

Jealous of, be	592	Prendre ombrage de
Jog one's memory	523	Remettre en mémoire à

ENGLISH	FREQ.	FRENCH
Join	212	**Prendre la partie de**
Joke on, play a	53	**Faire une farce à**
Judgment on, make a	215	**Porter un jugement sur**
Justice to, do	283	**Faire honneur à**
Justice to, do	530	**Faire justice à**
Justice toward, render	275	**Rendre justice à**
Justified in, be	50	**Avoir raison de**
Justified in, be	642	**Être fondé à**

K

Keep a tight rein on	643	**Tenir la bride haute à**
Keep an eye on	626	**Avoir l'oeil sur**
Keep away from	185	**Se tenir à l'écart de**
Keep clear of	185	**Se tenir à l'écart de**
Keep company with	76	**Tenir compagnie à**
Keep in mind	680	**Avoir égard à**
Keep mum or quiet about	263	**Garder le silence sur**
Keep one's eyes on	320	**Avoir les yeux sur**
Keep one's head	158	**Avoir la présence d'esprit de**
Keep quiet about	361	**Ne pas souffler mot de**
Keep silent about	263	**Garder le silence sur**
Keep someone quiet	311	**Imposer silence à**
Keynote	516	**Donner le ton à**
Kind as to, be so	483	**Avoir l'obligeance de**
Kind as, be so	327	**Avoir la bonté de**
Know about, not	473	**Être dans l'ignorance de**
Know how things stand	593	**Être au fait de**
Know something about	338	**Avoir connaissance de**

L

Lack respect for	233	**Manquer de respect envers**
Lacking in, be	90	**Être à court de**

ENGLISH	FREQ.	FRENCH
Law to, lay down the	538	**Faire la loi à**
Lay a hand on	377	**Porter la main sur**
Lay down the law to	538	**Faire la loi à**
Lay hands on	125	**Mettre la main sur**
Lay hands on	302	**Faire main basse sur**
Lay in a stock supply of	168	**Faire provision de**
Lay open	543	**Faire le jour sur**
Lay open to	503	**Donner prise à**
Lay the blame on	170	**Donner tort à**
Lay the blame on	335	**Mettre sur le compte de**
Lay the blame on	360	**Jeter la pierre à**
Lead	156	**Être à la tête de**
Lead of, follow the	421	**Emboîter le pas à**
Learn about by chance	537	**Avoir vent de**
Leave	153	**Fausser compagnie à**
Leave	390	**Ne pas demander son reste**
Leave complete leeway to	474	**Laisser maître de**
Leave free to	474	**Laisser maître de**
Leave of, take	195	**Prendre congé de**
Leave out of account	402	**Faire abstraction de**
Leave to someone's discretion	528	**S'en remettre à la discrétion**
Leave without recourse	511	**Lier les mains à**
Lecture	284	**Faire la leçon à**
Lecture to, give a	110	**Faire la morale à**
Leeway to, leave complete	474	**Laisser maître de**
Lend a hand	371	**Prêter assistance à**
Lend a helping hand to	39	**Donner un coup de main à**
Lend a helping hand to	351	**Prêter main-forte à**
Lend an ear to	271	**Prêter l'oreille à**
Lend an ear to	631	**Ouvrir l'oreille à**
Lend someone a hand	627	**Prêter la main à**
Lesson (to someone), teach a	284	**Faire la leçon à**
Lesson to, teach a	42	**Donner une leçon à**

ENGLISH	FREQ.	FRENCH
Let know	124	**Faire savoir à**
Let off	510	**Faire grâce de**
Let someone speak	147	**Donner la parole à**
Level as, be on the same	214	**Être au niveau de**
Level with, be on the same	668	**Être de niveau avec**
Level with, put oneself on a	601	**Se mettre au diapason de**
Liberties with, take	270	**Se permettre des familiarités avec**
License to, give	691	**Donner l'essor à**
Life difficult for, make	213	**Rendre la vie dure à**
Life of, save the	119	**Sauver la vie à**
Life, save someone's	348	**Rendre la vie à**
Lift the spirits of	89	**Remonter le moral à**
Light of, make	542	**Se faire un jeu de**
Light on, shed	456	**Faire la lumière sur**
Light, bring to	543	**Faire le jour sur**
Lighten the burden of	487	**Faire la partie belle à**
Like	423	**Avoir du penchant pour**
Liking for, have a	94	**Avoir un faible pour**
Liking for, have a	260	**Avoir du goût pour**
Liking for, have a	687	**Avoir de l'inclination pour**
Liking to, take a	217	**Prendre goût à**
Limits of, exceed the	506	**Franchir les bornes de**
Line on, draw the	375	**Mettre un frein à**
Listen to	631	**Ouvrir l'oreille à**
Listen to reason, make someone	301	**Faire entendre raison à**
Living from, make a	653	**Faire métier de**
Lodge a complaint	65	**Porter plainte contre**
Look after	49	**Prendre soin de**
Look displeased	690	**Faire la mine à**
Look forward to (doing something)	489	**Se faire une fête de**
Look like	2	**Avoir l'air de**
Look like	625	**Avoir la mine de**

ENGLISH	FREQ.	FRENCH
Look pleasantly at someone	477	**Faire bon visage à**
Look reprovingly at	232	**Faire les gros yeux à**
Look sternly at	232	**Faire les gros yeux à**
Look upon	481	**Porter les regards sur**
Look, take a quick	60	**Jeter un coup d'oeil sur**
Lookout for, be on the	142	**Être à la recherche de**
Lookout for, be on the	289	**Être à l'affût de**
Loosen	535	**Donner du jeu à**
Lose all trace of	343	**Perdre toute trace de**
Lose all track of	343	**Perdre toute trace de**
Lose one's head over	182	**Perdre la tête pour**
Loss of, submit to the	469	**Faire son deuil de**
Loss on, inflict injury or	286	**Porter préjudice à**
Lost, count as	509	**Faire une croix sur**
Love with, fall in	63	**Tomber amoureux de**

M

Maintain a close watch on	320	**Avoir les yeux sur**
Maintain control over	565	**Avoir prise sur**
Make a big thing over	488	**Faire grand cas de**
Make a clean sweep of	410	**Faire table rase de**
Make a complaint about	65	**Porter plainte contre**
Make a copy of	449	**Prendre copie de**
Make a date with	15	**Donner rendez-vous à**
Make a date with	126	**Prendre rendez-vous avec**
Make a decision to	75	**Prendre la décision de**
Make a donation of	666	**Faire l'octroi de**
Make a face at	690	**Faire la mine à**
Make a gift of	365	**Faire don de**
Make a judgment on	215	**Porter un jugement sur**
Make a living from	653	**Faire métier de**
Make a note of	482	**Prendre acte de**
Make a point of	300	**Se faire un devoir de**

ENGLISH	FREQ.	FRENCH
Make a present of	95	**Faire cadeau de**
Make a present of	365	**Faire don de**
Make a pretext of	388	**Prendre prétexte de**
Make a profession of	653	**Faire métier de**
Make a religion of	684	**Se faire une religion de**
Make a scene	80	**Faire une scène à**
Make a show of	647	**Faire montre de**
Make a sign to	37	**Faire signe à**
Make a stand against	480	**Opposer résistance à**
Make a statement of	556	**Faire le relevé de**
Make a tear	239	**Faire un accroc à**
Make a visit	18	**Rendre visite à**
Make advances at	316	**Faire les avances à**
Make afraid	41	**Faire peur à**
Make allowance for	264	**Faire la part de**
Make an abridged accounting of	556	**Faire le relevé de**
Make an accounting of	179	**Rendre compte de**
Make an accusation against	370	**Porter une accusation contre**
Make an appointment with	15	**Donner rendez-vous à**
Make an attractive (monetary) offer to	615	**Faire un pont d'or à**
Make an effort to	497	**Faire effort pour**
Make an impression on	199	**Faire impression sur**
Make approaches to	316	**Faire les avances à**
Make concessions to	173	**Faire des concessions à**
Make contact with	334	**Se mettre en communication avec**
Make eyes at	231	**Faire les yeux doux à**
Make faces at	435	**Faire la grimace à**
Make friends with	355	**Se lier d'amitié avec**
Make friends with	526	**Se prendre d'amitié avec**
Make fun of	148	**Se payer la tête de**
Make good use of	362	**Tirer parti de**
Make happy	5	**Faire plaisir à**

ENGLISH	FREQ.	FRENCH
Make indirect reference to	135	**Faire allusion à**
Make it easy for	487	**Faire la partie belle à**
Make it one's duty to	688	**Prendre à tâche de**
Make life difficult for	213	**Rendre la vie dure à**
Make life miserable for	346	**Faire des misères à**
Make light of	542	**Se faire un jeu de**
Make much of	488	**Faire grand cas de**
Make much of	586	**Faire grand bruit de**
Make oneself accessible to	144	**Se mettre à la portée de**
Make peace with	171	**Faire la paix avec**
Make reference to	413	**Avoir rapport à**
Make requests of	237	**Faire des démarches auprès de**
Make right	546	**Porter remède à**
Make room for	349	**Ouvrir la voie à**
Make room (way) for	191	**Faire place à**
Make someone angry	629	**Faire ombrage à**
Make someone ashamed	152	**Faire honte à**
Make someone aware of	211	**Faire observer à**
Make someone listen to reason	301	**Faire entendre raison à**
Make something a point of conscience	684	**Se faire une religion de**
Make sport of	542	**Se faire un jeu de**
Make the acquaintance of	46	**Faire la connaissance de**
Make the acquaintance of	117	**Faire connaissance avec**
Make the best of	347	**Prendre son parti de**
Make the best of	498	**Faire bonne mine à**
Make the effort to	151	**Faire l'effort de**
Make threats to	405	**Faire des menaces à**
Make to understand	101	**Faire sentir à**
Make too frequent use of	551	**Faire abus de**
Make use of	187	**Tirer profit de**
Make use of	207	**Faire usage de**
Make war on	162	**Faire la guerre à**

ENGLISH	FREQ.	FRENCH
Make welcome	520	Faire fête à
Maltreat	566	Faire un mauvais parti à
Mania for, have a	59	Avoir la manie de
Marching toward, be	401	Être en marche pour
Marriage, give one's hand in	640	Donner sa main à
Master of, be	400	Être maître de
Meaning of, grasp the	184	Saisir le sens de
Means to, find a way or	262	Trouver moyen de
Means to, have the	85	Avoir les moyens de
Means to, supply adequate	576	Mettre à même de
Measure of, take	455	Prendre mesure de
Meet	46	Faire la connaissance de
Meet	117	Faire connaissance avec
Meet, arrange to	126	Prendre rendez-vous avec
Memory, jog one's	523	Remettre en mémoire à
Memory, refresh someone's	204	Rafraîchir la mémoire à
Mention	467	Faire mention de
Merciful to, be	673	Faire miséricorde à
Mercy from or compassion of, beg	442	Demander grâce à
Mercy of, be at the	255	Être à la merci de
Mercy, show	673	Faire miséricorde à
Miles away from, be	550	Être à mille lieues de
Mind to, give a piece of one's	459	Dire ses vérités à
Mind to, have in	14	Avoir la présence d'esprit de
Mind to, have the presence of	158	Avoir la présence d'esprit de
Mind, keep in	680	Avoir égard à
Misfortune, cause	54	Porter malheur à
Misgivings, harbor	649	Avoir des doutes sur
Mislead	324	Faire illusion à
Model, look to as a	287	Prendre modèle sur
Mood, be in a . . .	635	Être en veine de . . .
Mood to, be in the	6	Avoir envie de
Morale of, raise the	89	Remonter le moral à

ENGLISH	FREQ.	FRENCH
Moving toward, be	580	Être en passe de
Much of, make	488	Faire grand cas de
Much of, make	586	Faire grand bruit de
Mum or quiet about, keep	263	Garder le silence sur

N

ENGLISH	FREQ.	FRENCH
Need	12	Avoir besoin de
Need of, be in	12	Avoir besoin de
Need of, be in	404	Être dans la nécessité de
Negotiations with, be in	359	Être en négociations avec
Negotiations with, enter into	416	Entrer en pourparlers avec
Nerves of, get of the	155	Taper sur les nerfs à
Nerves, get on one's	31	Casser les pieds à
Never dream of	550	Être à mille lieues de
No to, say	479	Mettre son veto à
Nose at, turn up one's	618	Faire fi de
Nose in, put one's	229	Mettre le nez dans
Not breathe a word of	361	Ne pas souffler mot de
Not care about	679	N'avoir cure de
Not get along with	282	Être mal avec
Not know about	473	Être dans l'ignorance de
Note	434	Faire état de
Note	154	Prendre note de
Note (short letter) to, write a	32	Envoyer un mot
Note of, make a	482	Prendre acte de
Note of, take	354	Faire cas de
Note, take	154	Prendre note de
Nothing to do with, have	8	N'être pour rien dans
Notice to, give	648	Donner avis à
Nowhere near, be	83	Être loin de

O

ENGLISH	FREQ.	FRENCH
Obedience, profess	651	Faire sa soumission à

ENGLISH	FREQ.	FRENCH
Obeisance to, pay	610	**Faire hommage à**
Obligated to, be	221	**Avoir des obligations envers**
Obligated to, be	108	**Être dans l'obligation de**
Obligation to, be under	582	**Être en reste avec**
Oblige	131	**Forcer la main à**
Obliged to, be	108	**Être dans l'obligation de**
Observe	154	**Prendre note de**
Obstacle in the way of, put an	694	**Mettre empêchement à**
Obstacle in the way, put an	613	**Mettre obstacle à**
Obtain information about	569	**Prendre communication de**
Obtain information on or about	112	**Prendre des renseignements sur**
Odds with, be at	611	**Se prendre de querelle avec**
Offend	559	**Faire affront à**
Offend	571	**Faire insulte à**
Offend	629	**Faire ombrage à**
Offend against	570	**Faire outrage à**
Offend, take care not to	369	**Mettre des gants pour**
Offense at, take	592	**Prendre ombrage de**
Offense to, give	332	**Faire un affront à**
Offense to, give	598	**Faire offense à**
Offer a helping hand to	304	**Tendre la perche à**
Offer as a gift	95	**Faire cadeau de**
Offer as a gift	514	**Faire présent de**
Offer assistance to	415	**Offrir son concours à**
Offer congratulations	524	**Adresser des compliments à**
Offer hospitality to	209	**Offrir l'hospitalité à**
Offer one's congratulations	590	**Faire ses félicitations à**
Offer to, make an attractive (monetary)	615	**Faire un pont d'or à**
Office, remove from	563	**Donner son compte à**
Old enough to, be	380	**Être d'âge à**
On the fence about, be	427	**Être à cheval sur**
Only have eyes for	251	**N'avoir d'yeux que pour**

ENGLISH	FREQ.	FRENCH
Open one's eyes to	285	**Ouvrir les yeux sur**
Open onto	280	**Donner accès à**
Open the way for	426	**Livrer passage à**
Open the way to	349	**Ouvrir la voie à**
Open to, lay	503	**Donner prise à**
Opinion as, be entirely of the same	589	**Abonder dans le sens de**
Opinion as, have or be of the same	107	**Être de l'avis de**
Opinion of, be wedded to one's own	589	**Abonder dans le sens de**
Opinion of, consider the	547	**Prendre avis de**
Opinion of, have a good	318	**Avoir bonne opinion de**
Opinion to, be of the	315	**Être d'avis de**
Opportunity to, have the	35	**Avoir l'occasion de**
Oppose	186	**Tenir tête à**
Oppose	480	**Opposer résistance à**
Oppose	588	**Mettre opposition à**
Oppose	613	**Mettre obstacle à**
Oppose	694	**Mettre empêchement à**
Opposite view from, take the	471	**Prendre le contre-pied de**
Order someone to do something	419	**Donner ordre de**
Order, be out of	180	**Être hors d'état de**
Orders of, be under the	115	**Être sous les ordres de**
Orders to, give	419	**Donner ordre de**
Origin from, take its	555	**Tirer son origine de**
Originate from	527	**Prendre sa source dans**
Originate from	608	**Tirer sa source de**
Outwit	141	**Tendre un piège à**
Outwit one's pursuers	513	**Donner le change à**
Ovation, give an	458	**Faire une ovation à**

P

Pain, cause	123	**Faire mal à**
Pain, suffer	1	**Avoir mal à**
Par with, be on a	214	**Être au niveau de**

ENGLISH	FREQ.	FRENCH
Pardon, beg one's	133	**Demander pardon à**
Part in, take	61	**Prendre part à**
Part in, take	697	**Donner les mains à**
Part of, be	57	**Faire partie de**
Participate in	61	**Prendre part à**
Pass, allow to	426	**Livrer passage à**
Passage, bar (someone's)	137	**Barrer la route à**
Passage, cut off	476	**Couper le chemin à**
Passion for, have a	548	**Avoir la rage de**
Path, block someone's	476	**Couper le chemin à**
Pay a compliment to	641	**Rendre honneur à**
Pay a tribute to	295	**Rendre hommage à**
Pay a tribute to	610	**Faire hommage à**
Pay a visit	18	**Rendre visite à**
Pay attention to	24	**Faire attention à**
Pay homage to	310	**Présenter ses hommages à**
Pay homage to	446	**Rendre les derniers honneurs à**
Pay little attention to	450	**Faire peu de cas de**
Pay no heed to	679	**N'avoir cure de**
Pay obeisance to	610	**Faire hommage à**
Pay one's respects to	310	**Présenter ses hommages à**
Pay one's respects to	337	**Présenter ses respects à**
Pay one's respects to	667	**Rendre ses devoirs à**
Pay out a retirement income to	557	**Faire une rente à**
Pay proper respect to	464	**Faire les honneurs de**
Pay respect to	295	**Rendre hommage à**
Pay the last honors to	446	**Rendre les derniers honneurs à**
Pay the last respects to	612	**Rendre les derniers devoirs à**
Peace with, make	171	**Faire la paix avec**
Penalty of, remit the	567	**Tenir quitte de**
Penchant for, have a	433	**Être de nature à**
Pension to, allow a	557	**Faire une rente à**
Permission of, ask	19	**Demander la permission à**

ENGLISH	FREQ.	FRENCH
Pick a quarrel with	329	**Chercher dispute à**
Pick a quarrel with	611	**Se prendre de querelle avec**
Pick a quarrel with	616	**Chercher noise à**
Pick on	616	**Chercher noise à**
Pick out	529	**Jeter son dévolu sur**
Pick up	125	**Mettre la main sur**
Pitch to, give the	516	**Donner le ton à**
Pity	36	**Avoir pitié de**
Pity toward, arouse	74	**Faire pitié à**
Place of, put oneself in the	48	**Se mettre à la place de**
Place of, take the	62	**Prendre la place de**
Place of, take the	366	**Tenir lieu de**
Place worth on	164	**Attacher de la valeur à**
Play a dirty trick on	166	**Jouer un mauvais tour à**
Play a joke on	53	**Faire une farce à**
Play a trick on	53	**Faire une farce à**
Play into the hands of	244	**Faire le jeu de**
Play to, give	535	**Donner du jeu à**
Please someone	5	**Faire plaisir à**
Pleasure in, find	358	**Trouver son plaisir à**
Pleasure in, take	200	**Se faire un plaisir de**
Pleasure in, take	216	**Prendre plaisir à**
Pleasure in, take	312	**Avoir le plaisir de**
Pledge the destruction of	462	**Jurer la perte de**
Point of, make a	300	**Se faire un devoir de**
Point out	518	**Appeler l'attention sur**
Polite, be	293	**Faire des politesses à**
Pose a question	20	**Poser une question à**
Position of, be in the	406	**Se trouver dans le cas de**
Position of, put oneself in the	48	**Se mettre à la place de**
Position to, be in a	157	**Être en état de**
Position to, be in a	165	**Être en mesure de**
Position to, be in a	296	**Être à même de**

ENGLISH	FREQ.	FRENCH
Position to, be in a	573	Être en position de
Position to, be in a	600	Être en situation de
Position to, find oneself in a	406	Se trouver dans le cas de
Possession of, be in	116	Être en possession de
Possession of, take	125	Mettre la main sur
Possession of, take	253	Prendre possession de
Pout	96	Faire la tête à
Pout at	303	Faire la moue à
Power of, fall under the	417	Tomber au pouvoir de
Practice of, have the	3	Avoir l'habitude de
Praises of, sing the	533	Chanter les louanges de
Preach to	110	Faire la morale à
Precedence over, have	658	Avoir le pas sur
Predisposition for, have a	297	Être sujet à
Preference to, give	281	Donner la préférence à
Prepare a surprise for someone	403	Ménager une surprise à
Presence of mind to, have the	158	Avoir la présence d'esprit de
Present of, make a	95	Faire cadeau de
Present of, make a	365	Faire don de
Present of, make a	514	Faire présent de
Present the appearance of	341	Faire figure de
Present to view	543	Faire le jour sur
Pretend	17	Faire semblant de
Pretend not to hear	230	Faire la sourde oreille à
Pretend to	97	Avoir la prétention de
Pretext of, make a	388	Prendre prétexte de
Prevent	613	Mettre obstacle à
Prey of, be the	508	Être la proie de
Prey to, be	439	Être en proie à
Pride in, take	621	Tirer vanité de
Pride in, take great	561	Tirer gloire de
Pride of, be the	437	Faire l'orgueil de
Privilege to, have the	393	Avoir le privilège de

ENGLISH	FREQ.	FRENCH
Prize	313	**Attacher du prix à**
Problems for, cause many	436	**En faire voir de belles à**
Problems with, have	58	**Avoir des histoires avec**
Proceed with haste	104	**Avoir hâte de**
Produce an effect (on feelings or emotions)	199	**Faire impression sur**
Profess obedience	651	**Faire sa soumission à**
Profession of, make a	653	**Faire métier de**
Profit by	392	**Faire son profit de**
Profit from	187	**Tirer profit de**
Profit from	502	**Prendre avantage de**
Profit from	558	**Trouver son compte à**
Promise	206	**Donner sa parole à**
Proof of, give	79	**Faire preuve de**
Proof, be (fire-, water-, etc.)	472	**Être à l'épreuve de**
Propriety, exceed	506	**Franchir les bornes de**
Protect oneself from	228	**Se mettre à l'abri de**
Protected from, be	106	**Être à l'abri de**
Proud to, be	441	**Se faire un honneur de**
Prove to be warranted	686	**Donner lieu de**
Provide for someone	384	**Faire un sort à**
Provide oneself with	168	**Faire provision de**
Provoke to action	368	**Mettre au défi de**
Purpose, suit one's	150	**Faire l'affaire de**
Pursue	698	**Courir sus à**
Pursuers, outwit one's	513	**Donner le change à**
Pursuit of, be in	134	**Être à la poursuite de**
Put a stop to	375	**Mettre un frein à**
Put a stop to	478	**Mettre le holà à**
Put an end to	87	**Mettre fin à**
Put an end to	252	**Mettre un terme à**
Put an end to	492	**Mettre bon ordre à**
Put an obstacle in the way of	613	**Mettre obstacle à**

ENGLISH	FREQ.	FRENCH
Put an obstacle in the way of	694	**Mettre empêchement à**
Put down (on paper)	482	**Prendre acte de**
Put in a bad light	414	**Porter ombrage à**
Put on the alert	534	**Donner l'éveil à**
Put on the finishing touches	490	**Mettre la dernière main à**
Put one on guard (against)	208	**Mettre en garde contre**
Put one's nose in	229	**Mettre le nez dans**
Put one's shoulder to the wheel	175	**Mettre la main à**
Put oneself in the place of	48	**Se mettre à la place de**
Put oneself in the position of	48	**Se mettre à la place de**
Put oneself on a level with	601	**Se mettre au diapason de**
Put oneself or be at the disposal of	111	**Se mettre à la disposition de**
Put oneself within reach of	144	**Se mettre à la portée de**
Put someone into the background	658	**Avoir le pas sur**
Put someone on the wrong scent	513	**Donner le change à**
Put things right	492	**Mettre bon ordre à**
Put thumbs down on	479	**Mettre son veto à**
Put to the test	273	**Faire l'essai de**
Put up resistance to	480	**Opposer résistance à**

Q

Quarrel with, pick a	329	**Chercher dispute à**
Quarrel with, pick a	611	**Se prendre de querelle avec**
Quarrel with, pick a	616	**Chercher noise à**
Quarrel with, try to start a	493	**Chercher querelle à**
Quarrel with, try to pick a	616	**Chercher noise à**
Quest of, be in	342	**Se mettre en quête de**
Question, ask a	20	**Poser une question à**
Question, pose a	20	**Poser une question à**
Quiet about, keep	361	**Ne pas souffler mot de**
Quiet about, keep mum or	263	**Garder le silence sur**
Quiet down	294	**Faire baisser le ton à**
Quiet, keep someone	311	**Imposer silence à**

ENGLISH	FREQ.	FRENCH
Rack one's brain over	248	**Se casser la tête sur**
Raise one's hand against	309	**Lever la main sur**
Raise the morale of	89	**Remonter le moral à**
Rapport with, be in good	519	**Être en harmonie avec**
Reach of, be within	91	**Être à la portée de**
Reach of, put oneself within	144	**Se mettre à la portée de**
Realize	23	**Se rendre compte de**
Reap the rewards of	500	**Recueillir les fruits de**
Reason of or for, ask the	669	**Demander raison de**
Reason to, give	686	**Donner lieu de**
Reason, make someone listen to	301	**Faire entendre raison à**
Rebuff	136	**Fermer la porte au nez de**
Receipt of, acknowledge	344	**Accuser réception de**
Receipt of, be in	344	**Accuser réception de**
Receive	505	**Prendre livraison de**
Receive with open arms	520	**Faire fête à**
Reception, give someone a good	477	**Faire bon visage à**
Reconcile	171	**Faire la paix avec**
Recourse to, have	225	**Avoir recours à**
Recourse, leave without	511	**Lier les mains à**
Rectify	546	**Porter remède à**
Reduce someone to silence	311	**Imposer silence à**
Reduce to silence	532	**Rabattre le caquet de**
Refer to briefly	467	**Faire mention de**
Reference to, have	424	**Avoir trait à**
Reference to, make	413	**Avoir rapport à**
Refresh someone's memory	204	**Rafraîchir la mémoire à**
Refuse to relent towards	397	**Tenir rigueur à**
Refute	562	**Infliger un démenti à**
Regret bitterly	336	**Se mordre les doigts de**

ENGLISH	FREQ.	FRENCH
Regret having said something	564	**Se mordre la langue de**
Regret or sympathy for, feel	452	**Être au regret de**
Regulate the course of	545	**Faire son affaire de**
Reign to, give free	257	**Donner libre cours à**
Rein on, keep a tight	643	**Tenir la bride haute à**
Relate to	424	**Avoir trait à**
Relationship with, have an intimate	267	**Avoir une liaison avec**
Release from	510	**Faire grâce de**
Relieve from	567	**Tenir quitte de**
Religion of, make a	684	**Se faire une religion de**
Rely on	528	**S'en remettre à la discrétion de**
Remedy	546	**Porter remède à**
Remember someone to	299	**Faire ses amitiés à**
Remind someone about	523	**Remettre en mémoire à**
Remit the penalty of	567	**Tenir quitte de**
Remove from office	563	**Donner son compte à**
Render a service to	10	**Rendre service à**
Render able or capable	576	**Mettre à même de**
Render help	371	**Prêter assistance à**
Render homage to	295	**Rendre hommage à**
Render justice toward	275	**Rendre justice à**
Repent of	336	**Se mordre les doigts de**
Replace	62	**Prendre la place de**
Reply to	373	**Renvoyer la balle à**
Report on	179	**Rendre compte de**
Reproduce	449	**Prendre copie de**
Reprovingly at, look	232	**Faire les gros yeux à**
Requests of, make	237	**Faire des démarches auprès de**
Rescue	119	**Sauver la vie à**
Rescue of, go to the	30	**Aller au secours de**
Research on, do	70	**Faire des recherches sur**
Resentment against, harbor	389	**Garder rancune à**
Resign oneself to	347	**Prendre son parti de**

ENGLISH	FREQ.	FRENCH
Resist	186	**Tenir tête à**
Resist	588	**Mettre opposition à**
Resistance to, put up	480	**Opposer résistance à**
Resolve	212	**Prendre la partie de**
Resort to	225	**Avoir recours à**
Respect	127	**Avoir de l'estime pour**
Respect for, have	188	**Avoir du respect pour**
Respect for, lack	233	**Manquer de respect envers**
Respect of or from, command	317	**Imposer le respect à**
Respect to, pay proper	464	**Faire les honneurs de**
Respects to, pay one's	310	**Présenter ses hommages à**
Respects to, pay one's	337	**Présenter ses respects à**
Respects to, pay one's	667	**Rendre ses devoirs à**
Respects to, pay the last	612	**Rendre les derniers devoirs à**
Responsibility for, take no	308	**Se laver les mains de**
Responsible for, be	372	**Être cause de**
Retirement income to, pay out a	557	**Faire une rente à**
Return the compliment	373	**Renvoyer la balle à**
Reveal	661	**Arracher le masque à**
Reveal	692	**Faire poser le masque à**
Revel in	662	**Faire ses délices de**
Revenged for, be	614	**Tirer vengeance de**
Review	130	**Faire le compte rendu de**
Review	412	**Faire la révision de**
Review	515	**Faire la revue de**
Revise	412	**Faire la révision de**
Rewards of, reap the	500	**Recueillir les fruits de**
Rid of, get	410	**Faire table rase de**
Ridicule	148	**Se payer la tête de**
Right about, be	50	**Avoir raison de**
Right to, do	100	**Faire bien de**
Right to, have a	93	**Avoir droit à**
Right to, have a	642	**Être fondé à**

ENGLISH	FREQ.	FRENCH
Right to, have the	29	**Avoir le droit de**
Right, make	546	**Porter remède à**
Right, put things	492	**Mettre bon ordre à**
Rights, privileges to (for), have	202	**Avoir des droits sur**
Rights to, claim the	484	**Avoir des prétentions sur**
Rip or rent in, make a	239	**Faire un accroc à**
Rise to, give	339	**Donner lieu à**
Rise to, give	503	**Donner prise à**
Rise to, give	686	**Donner lieu de**
Risk of, eliminate the	326	**Supprimer le risque de**
Rites for, hold funeral	612	**Rendre les derniers devoirs à**
Room for, make	349	**Ouvrir la voie à**
Room (way) for, make	191	**Faire place à**
Routine of, get into the	428	**Prendre le pli de**
Rule of, be under the	636	**Être sous l'empire de**
Run afoul of	298	**Entrer en collision avec**
Run counter to	562	**Infliger un démenti à**
Run counter to	330	**Aller à l'encontre de**
Run into	298	**Entrer en collision avec**
Run the risk of	197	**Courir le risque de**

S

Sacrifice to give to another	531	**Faire le sacrifice de**
Safe from, be	106	**Être à l'abri de**
Satisfaction for, demand	669	**Demander raison de**
Satisfaction for, give	693	**Rendre raison de**
Satisfaction from, get	358	**Trouver son plaisir à**
Satisfaction in, find	408	**Tirer satisfaction de**
Save someone's life	348	**Rendre la vie à**
Save the life of	119	**Sauver la vie à**
Say exactly what one thinks	459	**Dire ses vérités à**
Say good things about	81	**Dire du bien de**
Say goodbye to	189	**Dire adieu à**

ENGLISH	FREQ.	FRENCH
Say goodbye to	469	**Faire son deuil de**
Say hello to	314	**Donner le bonjour à**
Say much that is strange or scandalous about	385	**En dire de belles sur**
Say no to	479	**Mettre son veto à**
Scandalous about, say much that is strange or	385	**En dire de belles sur**
Scare	41	**Faire peur à**
Scene, make a	80	**Faire une scène à**
Score with, settle the	167	**Régler son compte à**
Scorn	268	**Avoir du mépris pour**
Scruples about, have	494	**Avoir scrupule à**
Search of, be in	142	**Être à la recherche de**
Search of, go in	342	**Se mettre en quête de**
Secret to, confide a	114	**Confier un secret à**
Secret to, tell a	114	**Confier un secret à**
Secretive about, be	572	**Faire mystère de**
Security for, be	240	**Se porter garant de**
See clearly	285	**Ouvrir les yeux sur**
See to	626	**Avoir l'oeil sur**
Seek counsel from	128	**Demander conseil à**
Seek the favors of	246	**Faire la cour à**
Seem	2	**Avoir l'air de**
Seize	302	**Faire main basse sur**
Select someone (for a post)	504	**Jeter les yeux sur**
Send an escort with	624	**Faire escorte à**
Send out	485	**Faire l'envoi de**
Serve as	345	**Faire fonction de**
Serve in place of	396	**Faire office de**
Serve someone's interest	244	**Faire le jeu de**
Service of, be in the	52	**Être au service de**
Service to, be of	371	**Prêter assistance à**
Service to, render a	10	**Rendre service à**

ENGLISH	FREQ.	FRENCH
Set a high value on	313	**Attacher du prix à**
Set a trap for	141	**Tendre un piège à**
Set great store by	313	**Attacher du prix à**
Set little value on	450	**Faire peu de cas de**
Set on guard	534	**Donner l'éveil à**
Set out for	222	**Prendre le chemin de**
Set the fashion for	516	**Donner le ton à**
Settle the score with	167	**Régler son compte à**
Severe with, be	678	**User de rigueur envers**
Shadow on, cast a	376	**Porter atteinte à**
Shadow on, cast a	414	**Porter ombrage à**
Shake hands	198	**Tendre la main à**
Shake one's fist at	420	**Montrer le poing à**
Share in, have a	634	**Avoir part à**
Shed light on	456	**Faire la lumière sur**
Shelter from, take	228	**Se mettre à l'abri de**
Sheltered from, be	106	**Être à l'abri de**
Shield	228	**Se mettre à l'abri de**
Short in, fall	599	**Faire défaut à**
Short of, be	90	**Être à court de**
Short, cut	279	**Couper court à**
Short, cut a person	532	**Rabattre le caquet de**
Shoulder to the wheel, put one's	175	**Mettre la main à**
Show displeasure	232	**Faire les gros yeux à**
Show ill will toward	138	**Mettre de la mauvaise volonté à**
Show mercy	673	**Faire miséricorde à**
Show of, make a	647	**Faire montre de**
Show off	307	**Faire étalage de**
Shut someone up	364	**Fermer la bouche à**
Side of, stand to the	185	**Se tenir à l'écart de**
Side with	552	**Faire alliance avec**
Sides against, take	234	**Prendre parti contre**
Sides with, take	454	**Prendre fait et cause pour**

ENGLISH	FREQ.	FRENCH
Sides with, take	659	Lier partie avec
Sidetrack	513	Donner le change à
Sight of, be within	292	Être en vue de
Sights on, fix one's	321	Avoir des vues sur
Sign to, make a	37	Faire signe à
Signal	37	Faire signe à
Silence	364	Fermer la bouche à
Silence someone	311	Imposer silence à
Silence, reduce someone to	311	Imposer silence à
Silence, reduce to	532	Rabattre le caquet de
Silent about, be	361	Ne pas souffler mot de
Silent about, keep	263	Garder le silence sur
Sing the praises of	533	Chanter les louanges de
Slacken	535	Donner du jeu à
Slam the door on	136	Fermer la porte au nez de
Slander	660	Taper sur le ventre à
Slap the face of	98	Donner une gifle à
Slate clean, wipe the	567	Tenir quitte de
Slave to, be a	256	Être esclave de
Slight	332	Faire un affront à
Slip away from	153	Fausser compagnie à
Slip, give someone the	153	Fausser compagnie à
Smart enough to, be	247	Avoir l'intelligence de
Softly to, speak	145	Parler bas à
Something out of, get	558	Trouver son compte à
Sore, be	1	Avoir mal à
Sorry about, be	452	Être au regret de
Sorry for, be	336	Se mordre les doigts de
Sorry for, cause to feel	74	Faire pitié à
Sorry for, feel	36	Avoir pitié de
Spare from	510	Faire grâce de
Spare no effort for	192	Se mettre en quatre pour
Speak firmly to	470	Parler ferme à

ENGLISH	FREQ.	FRENCH
Speak for	620	**Prêter sa voix à**
Speak ill of	67	**Dire du mal de**
Speak injuriously to	501	**Dire des injures à**
Speak softly to	145	**Parler bas à**
Speak to	71	**Adresser la parole à**
Speak unkindly about	67	**Dire du mal de**
Speak unkindly to or about	501	**Dire des injures à**
Speak well of	81	**Dire du bien de**
Speak, let someone	147	**Donner la parole à**
Special pains to, take	369	**Mettre des gants pour**
Spell on, cast a	461	**Jeter un sort sur**
Spirits of, lift the	89	**Remonter le moral à**
Sport of, make	542	**Se faire un jeu de**
Spurn	136	**Fermer la porte au nez de**
Stand against, make a	480	**Opposer résistance à**
Stand aside	525	**Passer la main à**
Stand bail for	633	**Se porter caution pour**
Stand first	156	**Être à la tête de**
Stand in stead of	366	**Tenir lieu de**
Stand out against	448	**Faire tache sur**
Stand to the side of	185	**Se tenir à l'écart de**
Stand up to	186	**Tenir tête à**
Stand, know how things	593	**Être au fait de**
Start a fight with	329	**Chercher dispute à**
Start an argument or fight with	493	**Chercher querelle à**
Start looking for	342	**Se mettre en quête de**
Start talking to	356	**Lier conversation avec**
Stead of, stand in	366	**Tenir lieu de**
Stem from	527	**Prendre sa source dans**
Stem from	555	**Tirer son origine de**
Step with, fall into	421	**Emboîter le pas à**
Sternly at, look	232	**Faire les gros yeux à**
Stick up for	581	**Faire l'apologie de**

ENGLISH	FREQ.	FRENCH
Stickler for, be a	427	Être à cheval sur
Stock supply of, lay in a	168	Faire provision de
Stop	252	Mettre un terme à
Stop to, put a	478	Mettre le holà à
Stop to, put a	375	Mettre un frein à
Store by, set great	313	Attacher du prix à
Straight to, talk	650	Dire son fait à
Strange or scandalous about, say much that is	385	En dire de belles sur
Strict about, be	427	Être à cheval sur
Strict, be	538	Faire la loi à
Strike up a conversation with	356	Lier conversation avec
Strike up a conversation with	517	Entrer en conversation avec
Struggle with	265	Être aux prises avec
Subject to indignity	570	Faire outrage à
Submissive, be	651	Faire sa soumission à
Submit to the loss of	469	Faire son deuil de
Succeed in doing something	201	Venir à bout de
Succeed, help someone	575	Donner un coup d'épaule à
Sue	161	Faire un procès à
Suffer pain	1	Avoir mal à
Suit against, bring	161	Faire un procès à
Suit one's purpose	150	Faire l'affaire de
Sulk	96	Faire la tête à
Sulk	303	Faire la moue à
Sulk	690	Faire la mine à
Supply adequate means to	576	Mettre à même de
Supply of, lay in a stock	168	Faire provision de
Support of, cut off the	261	Couper les vivres à
Support to or votes for, give	429	Donner ses suffrages à
Support to, be inclined to give	663	Prendre feu pour
Sure of, to be	7	Être sur de
Surprise for someone, prepare a	403	Ménager une surprise à

ENGLISH	FREQ.	FRENCH
Surrender	651	**Faire sa soumission à**
Susceptible to, be	297	**Être sujet à**
Suspicion of, arouse the	259	**Éveiller les soupçons de**
Suspicion of, arouse the	617	**Éveiller la suspicion de**
Swear the downfall of	462	**Jurer la perte de**

T

ENGLISH	FREQ.	FRENCH
Tables on, turn the	373	**Renvoyer la balle à**
Taciturn	572	**Faire mystère de**
Take (into the body)	207	**Faire usage de**
Take a hand in the work	175	**Mettre la main à**
Take a liking to	217	**Prendre goût à**
Take a quick look	60	**Jeter un coup d'oeil sur**
Take advantage of	187	**Tirer profit de**
Take advantage of	392	**Faire son profit de**
Take advantage of	502	**Prendre avantage de**
Take advice from	466	**Prendre conseil de**
Take an interest in	425	**Prendre intérêt à**
Take care	682	**Avoir garde de**
Take care not to offend	369	**Mettre des gants pour**
Take care of	49	**Prendre soin de**
Take care of	475	**Avoir charge de**
Take care to	169	**Se donner de la peine pour**
Take care to	278	**Avoir la prudence de**
Take care to	367	**Avior soin de**
Take chances with	197	**Courir le risque de**
Take charge of	545	**Faire son affaire de**
Take delivery on	505	**Prendre livraison de**
Take great pride in	561	**Tirer gloire de**
Take into account	45	**Tenir compte de**
Take into account	264	**Faire la part de**
Take into account	434	**Faire état de**
Take into account	455	**Prendre mesure de**

ENGLISH	FREQ.	FRENCH
Take into consideration	45	**Tenir compte de**
Take into consideration	264	**Faire la part de**
Take into consideration	680	**Avoir égard à**
Take it into one's head to	159	**Se mettre en tête de**
Take its origin from	555	**Tirer son origine de**
Take leave of	195	**Prendre congé de**
Take liberties with	270	**Se permettre des familiarités avec**
Take measure of	455	**Prendre mesure de**
Take no responsibility for	308	**Se laver les mains de**
Take note	154	**Prendre note de**
Take note of	354	**Faire cas de**
Take offense at	592	**Prendre ombrage de**
Take part in	61	**Prendre part à**
Take part in	697	**Donner les mains à**
Take pleasure in	200	**Se faire un plaisir de**
Take pleasure in	216	**Prendre plaisir à**
Take pleasure in	312	**Avoir le plaisir de**
Take possession of	125	**Mettre la main sur**
Take possession of	253	**Prendre possession de**
Take pride in	621	**Tirer vanité de**
Take shelter from	228	**Se mettre à l'abri de**
Take sides against	234	**Prendre parti contre**
Take sides with	454	**Prendre fait et cause pour**
Take sides with	659	**Lier partie avec**
Take special pains to	369	**Mettre des gants pour**
Take the opposite view from	471	**Prendre le contre-pied de**
Take the place of	62	**Prendre la place de**
Take the place of	366	**Tenir lieu de**
Take the trouble to	169	**Se donner de la peine pour**
Take the wind out of one's sails	422	**Couper l'herbe sous le pied à**
Take up the cause of	454	**Prendre fait et cause pour**
Take upon oneself to	522	**Se faire fort de**
Talk briefly about	591	**Toucher un mot de**

ENGLISH	FREQ.	FRENCH
Talk straight to	650	**Dire son fait à**
Talk, have a	120	**Avoir une explication avec**
Tarnish	376	**Porter atteinte à**
Task for, facilitate the	445	**Mâcher la besogne à**
Taste for, have a	260	**Avoir du goût pour**
Taste, be in bad	606	**Être mal venu de**
Teach a lesson (to someone)	284	**Faire la leçon à**
Teach a lesson to	42	**Donner une leçon à**
Tear, make a	239	**Faire un accroc à**
Tease unmercifully	346	**Faire des misères à**
Tell a secret to	114	**Confier un secret à**
Tell one's troubles to	584	**Conter ses peines à**
Tell someone what one thinks of him	650	**Dire son fait à**
Tend to	78	**Avoir tendance à**
Tendency to, have a	78	**Avoir tendance à**
Terms to, extend tempting	615	**Faire un pont d'or à**
Terms with, be on the best possible	274	**Être au mieux avec**
Test	273	**Faire l'essai de**
Test, put to the	273	**Faire l'essai de**
Testimony of, give	73	**Être témoin de**
Thankful to, be	560	**Rendre grâces à**
Thanks for, give	544	**Faire ses remerciements pour**
Think best to	212	**Prendre la partie de**
Think highly of	632	**Penser du bien de**
Think it one's duty to	578	**Croire de son devoir de**
Think well of	318	**Avoir bonne opinion de**
Think well of	632	**Penser du bien de**
Threats to, make	405	**Faire des menaces à**
Threshold of or into, cross the	536	**Franchir le seuil de**
Thumb of, be under the	463	**Être sous la coupe de**
Thumbs down on, put	479	**Mettre son veto à**
Tie the hands of	511	**Lier les mains à**

ENGLISH	FREQ.	FRENCH
Time over to, turn the	224	**Céder la parole à**
Tongue, (cause to) loosen one's	585	**Délier la langue à**
Tongue, hold one's	564	**Se mordre la langue de**
Tool in the hands of, be a mere	657	**Être l'âme damnée de**
Tormented by, be	439	**Être en proie à**
Torture or torment	699	**Boire le sang à**
Touch	377	**Porter la main sur**
Touch on	591	**Toucher un mot de**
Touch with, be in	82	**Être en contact avec**
Touch with, be in	219	**Être en rapport avec**
Touch with, be in	258	**Être en communication avec**
Touch with, get in	149	**Prendre contact avec**
Touch with, get in	183	**Se mettre en rapport avec**
Touch with, get in	334	**Se mettre en communication avec**
Trace of, lose all	343	**Perdre toute trace de**
Track of, be on the	277	**Être sur la trace de**
Track of, lose all	343	**Perdre toute trace de**
Traffic in	194	**Faire le trafic de**
Trail of, be on the	277	**Être sur la trace de**
Trap for, set a	141	**Tendre un piège à**
Travel with	468	**Faire route avec**
Treat as an equal	288	**Traiter d'égal à égal avec**
Treat harshly	566	**Faire un mauvais parti à**
Treat to, consider it a	489	**Se faire une fête de**
Treat with great familiarity	660	**Taper sur le ventre à**
Tribute to, pay a	610	**Faire hommage à**
Trick	141	**Tendre un piège à**
Trick on, play a	53	**Faire une farce à**
Trouble for, cause	418	**Causer de l'embarras à**
Trouble to, give	276	**Donner de la peine à**
Trouble to, give much	436	**En faire voir de belles à**
Trouble to, take the	169	**Se donner de la peine pour**

ENGLISH	FREQ.	FRENCH
Trouble with, have	28	**Avoir du mal à**
Trouble with, have	58	**Avoir des histoires avec**
Trouble, have	105	**Avoir de la peine à**
Troubles to, tell one's	584	**Conter ses peines à**
Trust	25	**Faire confiance à**
Trust	34	**Avoir confiance en**
Trust in, inspire	205	**Donner confiance à**
Trust or confidence, betray someone's	411	**Tromper la confiance de**
Try one's utmost to	497	**Faire effort pour**
Try out	273	**Faire l'essai de**
Try to	151	**Faire l'effort de**
Try to pick a quarrel with	493	**Chercher querelle à**
Try to start a quarrel with	616	**Chercher noise à**
Turn a deaf ear to	230	**Faire la sourde oreille à**
Turn a deaf ear to	618	**Faire fi de**
Turn one's back on	226	**Tourner le dos à**
Turn the floor over to	224	**Céder la parole à**
Turn the head of	172	**Tourner la tête à**
Turn the tables on	373	**Renvoyer la balle à**
Turn the time over to	224	**Céder la parole à**
Turn to good account	362	**Tirer parti de**
Turn up one's nose at	618	**Faire fi de**

U

Uncommunicative with, be	572	**Faire mystère de**
Undecided about, be	427	**Être à cheval sur**
Understand	23	**Se rendre compte de**
Understand	184	**Saisir le sens de**
Understanding with, arrive at an	238	**Tomber d'accord sur**
Understanding with, have an	645	**Être d'intelligence avec**
Undertake to	522	**Se faire fort de**
Undertake to	688	**Prendre à tâche de**

ENGLISH	FREQ.	FRENCH
Uneasy about, be	652	Être en peine de
Unfaithful to, be	325	Faire des infidélités à
Unforgiving toward, be	397	Tenir rigueur à
United with, be closely	496	Faire corps avec
Unmask	692	Faire poser le masque à
Unmask a person	661	Arracher le masque à
Untrue to, be	325	Faire des infidélités à
Unwilling to, be	138	Mettre de la mauvaise volonté à
Up to	121	Être à la hauteur de
Up to date on, be	4	Être au courant de
Up to date on, bring	69	Mettre au courant de
Up to date on, bring oneself	47	Se mettre au courant de
Use as an example	178	Prendre exemple sur
Use as an excuse	388	Prendre prétexte de
Use for, have no	382	N'avoir que faire de
Use of, be permitted the	583	Avoir l'usage de
Use of, make	187	Tirer profit de
Use of, make too frequent	551	Faire abus de
Utmost for, do one's	192	Se mettre en quatre pour
Utmost to, try one's	497	Faire effort pour

V

ENGLISH	FREQ.	FRENCH
Vain of a thing, be	621	Tirer vanité de
Value	354	Faire cas de
Value on, set little	450	Faire peu de cas de
Vent to, give full	257	Donner libre cours à
Verge of, be on the	33	Être sur le point de
Verge of, be on the	250	Être à la veille de
Very thing for, be the	150	Faire l'affaire de
Veto	479	Mettre son veto à
Victim of, be the	508	Être la proie de
Victorious over, be	254	Remporter la victoire sur
Victory over, win	254	Remporter la victorie sur

ENGLISH	FREQ.	FRENCH
View, present to	543	**Faire le jour sur**
Violence to, do	499	**Faire violence à**
Violent with, be	499	**Faire violence à**
Visit, make a	18	**Rendre visite à**
Visit, pay a	18	**Rendre visite à**
Vogue, be in	671	**Être en faveur auprès de**
Vote for	620	**Prêter sa voix à**
Vouch for	240	**Se porter garant de**

W

Wait on hand and foot	331	**Être aux petits soins auprès de**
Walk a short distance with	609	**Faire un brin de conduite à**
War on, make	162	**Faire la guerre à**
Warn	534	**Donner l'éveil à**
Warn against	208	**Mettre en garde contre**
Warranted, prove to be	686	**Donner lieu de**
Wash one's hands of	308	**Se laver les mains de**
Watch	626	**Avoir l'oeil sur**
Watch on, maintain a close	320	**Avoir les yeux sur**
Watch out for	140	**Prendre garde à**
Watch out for	289	**Être à l'affût de**
Way for, make (room)	191	**Faire place à**
Way for, open the	426	**Livrer passage à**
Way of, block the	137	**Barrer la route à**
Way to, be on the	431	**Être en voie de**
Way to, be on the	580	**Être en passe de**
Way to, give	146	**Se laisser aller à**
Way to, give	691	**Donner l'essor à**
Way to, open the	349	**Ouvrir la voie à**
Way, be in a person's	476	**Couper le chemin à**
Weakness for, have a	94	**Avoir un faible pour**
Welcome, make	520	**Faire fête à**

ENGLISH	FREQ.	FRENCH
Well about, be	593	Être au fait de
Well of, think	318	Avoir bonne opinion de
Well of, think	632	Penser du bien de
Well to, do	100	Faire bien de
Well up on, be	594	Être ferré sur
Well, wish someone	590	Faire ses félicitations à
Whisper	145	Parler bas à
Win over	340	Faire la conquête de
Win the heart of	340	Faire la conquête de
Win victory over	254	Remporter la victoire sur
Wind of, get	537	Avoir vent de
Wind out of one's sails, take the	422	Couper l'herbe sous le pied à
Wink at	395	Cligner de l'oeil à
Wipe the slate clean	567	Tenir quitte de
Wish someone well	524	Adresser des compliments à
Wish someone well	590	Faire ses félicitations à
Withstand	186	Tenir tête à
Witness to, be a	73	Être témoin de
Woo	246	Faire la cour à
Word of, not breathe a	361	Ne pas souffler mot de
Word to, give one's	206	Donner sa parole à
Work desperately hard at	248	Se casser la tête sur
Work for	52	Être au service de
Work, be the doer of someone's dirty	657	Être l'âme damnée de
Worried about, be	652	Être en peine de
Worth on, place	164	Attacher de la valeur à
Write a note (short letter) to	32	Envoyer un mot
Write to	387	Être en correspondance avec
Wrong	68	Faire du tort à
Wrong scent, put someone on the	513	Donner le change à

ENGLISH	FREQ.	FRENCH

Y

Yield	173	**Faire des concessions à**
Yield to	651	**Faire sa soumission à**
Yield to someone's authority	639	**Plier sous l'autorité de**